RECUERDOS

Memorias de una habanera de dos siglos

COLECCIÓN CUBA Y SUS JUECES

EDICIONES UNIVERSAL, Miami, Florida, 2017

Magdalena Hernández

RECUERDOS
Memorias de una habanera de dos siglos

Edición de Rosario P. Vickery

Copyright © 2017 by Rosario P. Vickery

Primera edición, 2017

EDICIONES UNIVERSAL
P.O. Box 450353 (Shenandoah Station)
Miami, FL 33245-0353. USA
e-mail: ediciones@ediciones.com
http://www.ediciones.com
Fundada en 1965

Library of Congress Catalog Card No.: 2017938260
ISBN-10: 1-59388-284-2
ISBN-13: 978-1-59388-284-6

Diseño de la cubierta: Luis García Fresquet
En la portada foto de la familia de la autora en 1951,
debajo vista de la Bahía de La Habana en 1900.

Todos los derechos
son reservados. Ninguna parte de
este libro puede ser reproducida o transmitida
en ninguna forma o por ningún medio electrónico o mecánico,
incluyendo fotocopiadoras, grabadoras o sistemas computarizados,
sin el permiso por escrito del autor, excepto en el caso de
breves citas incorporadas en artículos críticos o en
revistas. Para obtener información diríjase a
Ediciones Universal.

ÍNDICE

INTRODUCCIÓN 9
I   EL NACIMIENTO 11
II   LA INFANCIA Y LA ADOLESCENCIA . . . 23
III   LA JUVENTUD 37
IV   EL VIAJE A LAS ISLAS CANARIAS 51
V   EL MATRIMONIO 57
VI   EL ANTEPASADO 75
BIBLIOGRAFÍA 87

A mi querida hija Josefina
5 de febrero de 1950

Magdalena Hernández de Pujals

INTRODUCCIÓN

Hace años mi padre, el Ing. Pedro Pablo Pujals y Hernández, me entregó las memorias de su madre para una edición. Sabía que desde mis primeros años ella había inspirado en mí gran curiosidad con los cuentos de su vida y los detalles de las experiencias. Presento este relato con cariño y respeto a mi padre y a mi abuela.

Recuerdos traza la experiencia de hechos históricos, eventos culturales y condiciones sociales en Cuba durante la segunda mitad del siglo XIX y los primeros cincuenta años del siglo XX. El relato le ofrece al lector la oportunidad de acercarse a un tiempo ya lejano desde la experiencia de Magdalena Hernández y Castells, nacida en La Habana el 28 de octubre de 1884. En 1950 escribe de su vida y antepasados para complacer a su hija Josefina, que se lo ha pedido. Evidentemente complace a su hija menor, pero al describir y explicar acontecimientos de una forma familiar, sencilla y sincera, también informa del sentido de aquella época. Por ejemplo, escribe que su abuelo «vino con zapatos» de España y explica que también se decía «y ése vino en alpargatas» cuando alguien había hecho su fortuna en Cuba. Describe viajes que gozó, el primero a las islas Canarias por el cambio de clima recetado para la enfermedad de una de sus hermanas. Incluye eventos importantes de su familia y menciona datos interesantes: había una diferencia de diecinueve años entre sus padres y «se casaron de madrugada en la Iglesia del Cristo... como también era costumbre en esa época, el año 1865». En las anécdotas se destacan generales de la guerra por la independencia de Cuba, médicos de fama internacional y artistas prominentes.

El propósito de esta edición es de poner *Recuerdos* al alcance del lector interesado en Cuba. Se han verificado los datos y actualizado la puntuación en el texto. Las notas facilitarán el profundizar en los hechos y eventos. La bibliografía incluye fuentes que contienen más información sobre los acontecimientos mencionados.

Le agradezco mucho a mi tía Sylvia Pujals Amézaga las consultas telefónicas y a su hija Marilú Goicoechea Gálvez la copia clara y bien conservada del documento que me envió con datos de la familia. María Rosa Mora Pujals Cook me animó a trabajar con el relato dedicado a su madre.

Al Dr. Eduardo Zayas-Bazán, profesor emérito de East Tennessee State University, le agradezco la lectura de este manuscrito y su valiosísimo apoyo.

I

EL NACIMIENTO

Mi querida Jose, me pides que te cuente los recuerdos de mi vida y aunque no soy escritora ni cosa parecida, quiero complacerte. Empezaré por decirte lo que ya de sobra sabes. Nací en La Habana en la calle de Consulado, número 64 hoy 72, que por rara coincidencia heredé, el martes 28 de octubre de 1884. Aunque fui una decepción, pues Papá esperaba un varón, dicen que se consolaba diciendo lo gorda y fuerte que nací, pesando creo que alrededor de once libras.

Mamá se casó muy jovencita como era costumbre en esa época. Hacía quince días que había cumplido dieciséis años. Papá en cambio tenía treinta y cinco. Era pues diecinueve años mayor que Mamá. Se casaron de madrugada en la Iglesia de Cristo,[1] creo que a las cuatro o cinco de la mañana, como también era costumbre en esa época, el año 1865.

Después se fueron a pasar la luna de miel a Matanzas y por cierto visitaron las Cuevas de Bellamar, ya

---

[1] La Iglesia del Cristo, también conocida como la Iglesia del Santo Cristo del Buen Viaje, se encuentra en la Plaza del Cristo en La Habana Vieja. En 1640 se construyó la primitiva edificación por la Orden Franciscana. Fue el objeto de varias reconstrucciones y reparaciones hasta principios del siglo XX.

descubiertas.[2] A los diecisiete años tuvo Mamá a Teté, mi hermana y madrina, que me quiso mucho. Después vinieron Carmencita y un varón a quien le pusieron el nombre de Raimundo por el padre de Mamá, que se llamaba así, aunque todo el mundo le decía Ramón. Ese niño murió a los siete días de nacido del mal, como le decían entonces al tétanos del ombligo que ocasionaba muchas víctimas.[3] Después nacieron Concha, María, y por último Adolfo que también, por rara coincidencia, murió de la misma enfermedad y a los mismos días que Raimundo. Luego a los ocho años de eso vine yo. Cuando Mamá se casó, su padre quiso que se quedara a vivir en su casa por ser tan jovencita y tener Papá que viajar. Él era mayordomo de los vapores que hacían la travesía por la Isla. Pues no habiendo entonces carretera central y con los ferrocarriles muy limitados, la gente utilizaba mucho esa vía para ir principalmente a Santiago de Cuba, Nuevitas y otros puertos, tanto de la costa norte como de la sur.[4] Por ese motivo allí se quedó ella y allí nacieron hasta María, pero ya no cabían y entonces fue cuando se mudaron para Consulado.

---

[2] Las Cuevas de Bellamar, famosas por sus cristalinas estalactitas y estalagmitas, se descubrieron en 1861 a 100 kilómetros de La Habana en la provincia de Matanzas.

[3] El tétanos neonatal o el mal de los siete días todavía ocasiona muchas muertes de recién nacidos. También puede atacar el tétanos a la madre.

[4] El puerto de Santiago de Cuba fue fundado por Cristóbal Colón en su segundo viaje, en 1494. Nuevitas se encuentra en la provincia de Camagüey. La bahía fue visitada por Cristóbal Colón en su primer viaje y Diego Velázquez intentó fundar una población allí pero no se pudo establecer hasta 1775.

Mi abuelo, don Ramón Castells, vino a Cuba como tantos otros españoles a probar fortuna y aquí se casó con una española natural de Mahón, isla de Menorca (Baleares). Él era catalán; en ese tiempo la emigración a Cuba era casi toda catalana y después fue principalmente gallega. Pues bien, mi abuelo era natural de Barcelona y vino con zapatos. En su tierra natal él y su hermano Juan tenían una fábrica de tejidos de sedas pero en esos tiempos pasaba España una época de crisis. Mi abuelo decidió venir a esta Isla y se estableció aquí. Tengo que aclararte la frase de que «vino con zapatos» pues la mayoría de los emigrantes, aventureros que eran, venían con unas alpargatas que se hacían o hacen de tela gruesa con la suela de soga. Era un zapato poco durable, pero de un precio irrisorio. Figúrate que yo las he usado para bañarme en el mar. Eran las zapatillas de entonces y costaban treinta centavos y las muy buenas cincuenta centavos. Así que cuando se hablaba de algún español muy rico que había hecho su fortuna aquí se decía, «y ése vino en alpargatas». Primero, mi abuelo puso una sedería y quincalla: les decían así a las tiendas donde vendían cintas, encajes, botones, broches, etc. En ese negocio fracasó y entonces se estableció en la calle de Muralla, donde hoy en día está la imprenta de Valdepares. Puso una florería que se llamó El Jardín. No vayas a creer que vendía flores naturales, nada de eso. Eran de tela y algunas de papel grueso plateado. También, en un principio vendió ropa de niños, canastilla, según se decía en esa época. Eran pañales de hilo bordado, baberos, cargadores, en fin, todo lo que se relacionaba y se usaba entonces para los niños y que él recibía de París. Pero, lo principal eran flores que se usaban para adornar los altares de las iglesias y también los trajes de baile de las señoras. Las flores naturales se veían solamente en los jardines particulares y solamente rosas, azucenas, jazmines y otras. Las dalias, gladiolos y orquídeas vinieron después importadas.

Mi abuelo tenía numerosas esclavas para la fabricación de las flores. Vivían en la misma casa y él las vestía como era el uso.

A la sazón, conoció mi abuelo a una señorita que se llamaba Magdalena Berry. Se enamoró de ella y ésa fue mi abuela. Se casaron y fueron a vivir a los altos de la florería. Allí nacieron tío Anselmo, tío Miguel, Mamá [Magdalena] y Tiíta, o sea Irene, que fue la más chiquita. A los nueve días de nacida ésta, murió mi abuela, dejando a mi abuelo en la mayor aflicción. Como eran todos tan chiquitos, mi abuelo le pidió a su suegra, doña Francisca Guerrero, que fuera a vivir a su casa para cuidar de sus nietos. Pero, a Irene se la llevó con ella una hermana de mi abuelo que se llamaba Paulina y era casada con Agustín Cortada. Ella tenía un hijo también como de cuatro o cinco años. Esta señora la crió y la tuvo con ella por largas temporadas, tanto que cuando ya muy vieja y enferma su médico le recomendó a Paulina como curación un viaje a Barcelona y tuvo que llevarse a Tiíta, pues era la única manera de conseguir que fuera.

Los niños crecían sanos y traviesos y el negocio prosperaba. Así iban pasando los años hasta que Mamá conoció a Papá, quien se prendó de ella tanto que pidió su mano; le fue concedida y se casaron. Por cierto, te voy a contar cómo se conocieron. Resulta que mi abuelo tenía dado dinero en hipoteca sobre una casa situada en Ancha del Norte, número 34. Así se llamaba la calle que es hoy calle de San Lázaro. Habiendo Papá comprado la casa, quiso quitarle la hipoteca y con ese objeto fue a hablar con mi abuelo. Estaba Mamá en la tienda, la vio él, y ya sabes lo demás. Allí vivieron Papá y Mamá, como ya te dije antes, hasta que se mudaron para Consulado.

Mis hermanas Teté y Carmencita estuvieron internas en el Colegio de Madres Ursulinas que estaba entonces en

Egido y Sol.[5] Allí estuvieron hasta que Teté tuvo quince años, cuando decidieron que ya había terminado su educación y la sacaron. Pero a Carmencita, que tenía trece, la pusieron en el colegio de una señora inglesa que se llamaba Madame Parent y con ella fueron también Concha y María. Teté siempre conservó un ingrato recuerdo del colegio. Ya puedes imaginarte lo que era en esa época de atraso e ignorancia un colegio de monjas. La comida, según contaba Teté, era malísima y escasa. El agua que les daban de la zanja real había que dejarla reposar cuando llovía por la tierra que traía. Y fíjate, no tuvieron ni tifus ni poliomielitis. Teté me entretenía mucho con sus cuentos del colegio y las travesuras de las niñas, cuentos que yo oía embelesada. Fueron compañeras de ellas las Landa, María Aguirre, las Govantes, una de ellas abuela de Betty Etchegoyen, y muchas más que no recuerdo. Las visitas de su abuelo al colegio con sus regalitos, así como las de Papá y Mamá las llenaban de alborozo a ella y a Carmencita. ¡Cómo ellas contaban los días que faltaban para las vacaciones de verano y de Semana Santa! El capellán del colegio, que se llamaba el padre Calcar, gran amigo de mi abuelo que por cierto era un buen católico, fue el causante de la entrada de ellas en el colegio, pero lo querían mucho a pesar de todo.

Cuando ya Carmencita terminó su colegio, les pusieron a las dos profesoras de piano. En esa época no se consideraba terminada la educación de una señorita si no daba clases de piano. Fue la primera profesora una señora que se llama-

---

[5] El antiguo Colegio de las Ursulinas en Egido y Sol fue fundado en 1804 por las monjas Ursulinas y se trasladó a Miramar en 1927. Las Ursulinas, dedicadas a la educación femenina, llegaron de New Orleans en 1803. Luisiana había pasado de España a Francia por el tratado de San Ildefonso en 1800 y en 1803 Estados Unidos compró el territorio.

ba Pepilla Tregeant de Fernández que era gran amiga de Mamá desde soltera y madrina por añadidura de María. Esta señora fue la madre de José Agustín Fernández, vicepresidente de la Cía. de Teléfonos. Pero como parece que no adelantaban mucho con esa señora, decidieron cambiarla por un profesor catalán que les daba clases a unas amigas de ellas, las Quadreny que eran tres hermanas: Rosita, Teresita y Pepillita. El profesor se llamaba José Solá y era casado con una dama cubana. La realidad es que bajo la dirección de él adelantaron y empezaron a tocar en casa del profesor, que tenía reuniones mensuales en su casa. Allí iba preparando a sus discípulas y por último las presentó en una sociedad que había en La Habana que se llamaba el Círculo Habanero.[6] En una noche para ellas inolvidable, dieron un concierto y tocaron la *Tarantella* de Gottschalk a dos pianos.[7] No recuerdo si también llegaron a tocar en el Liceo, otra sociedad que también había.[8] Entonces, esas sociedades más que bailes lo que daban eran conciertos de canto y piano, recitaciones y comedias por aficionados. También se atrevían hasta con óperas y cuando vino a La Habana una distinguida señorita cubana que se llamaba Margarita Pedroso, dio

---

[6] «El Círculo Habanero es en La Habana el prototipo de lo clásico en esta tierra... No tiene domicilio fijo, ni casa abierta, pero en cambio, cuenta con una gran clientela... Si quereis conocer a La Habana verdadera, id a una de esas reuniones». *Cuba por fuera*. Tesifonte Gallego y García. (Habana: La Propaganda Literaria, 1890), 20.

[7] Louis Moreau Gottschalk. *Grande Tarantelle, Op. 67* (1858-64).

[8] El Liceo Artístico y Literario de La Habana se fundó en 1844.

funciones de ópera cantando ella y a beneficio de los pobres.[9]

Así pasaban el tiempo muy divertidas con sus fiestas y paseos, y en esto aparecí yo. Estaban locas conmigo y Teté quiso ser mi madrina y tío Anselmo fue el padrino. A poco de eso se comprometió Carmencita con un joven que se llamaba Esteban Esqveu pero siguieron paseando y divirtiéndose con las veladas del Liceo y el Círculo Habanero, los recibos en casa de Solá y las retretas del Parque Central.[10] En eso cogió Carmencita un catarro del cual no curó. El médico de la familia, el doctor Miguel Riva, gran amigo y compañero de la universidad de tío Anselmo, decía que era anemia y no le daba importancia.[11] Pero al fin, Papá y Mamá ya intranquilos por la persistencia de la fiebre, la llevaron al doctor Francisco Cabrera Saavedra, muy reputa-

---

[9] «... damos el retrato de una dama habanera que honra a su tierra natal con brillantísimos triunfos artísticos en favor de los desgraciados y de obras de beneficencia... distinguida señorita habanera y eminente artista lírico-dramática... Diose a conocer en recepciones y conciertos en la más alta sociedad de Madrid y de París, y a su regreso a Cuba...» *La Ilustración española y americana, Revista de Bellas Artes y Actualidades*, Tomo 39. (Madrid: 22 de mayo de 1885, Núm. 29), 299-300. Véanse también los semanarios *El museo* y la *Revista matancera*.

[10] Las retretas eran funciones. «Entre los aficionados y profesores figuraban... Después de éstos... D. José Solá... Los innumerables conciertos que en ese largo período se verificaron en esta capital...» *La Habana artística: Apuntes históricos*. Serafín Ramírez. (Habana: Imp. Del E. M. De la Captitanía General, 1891), 299.

[11] El doctor Miguel Riva se encuentra entre los miembros de la Real Academia de Ciencias Médicas, Físicas y Naturales de La Habana.

do entonces.[12] Éste diagnosticó una tuberculosis pulmonar y su inmediato traslado a La Víbora, una zona muy recomendada entonces para esta enfermedad. Y para allá fuimos todos. Al principio mejoró bastante con los cáusticos que entonces se usaban y una alimentación en su mayor parte de proteínas. La realidad es que mejoró, pero en eso enfermé yo de paludismo [malaria], entonces muy generalizado aquí.[13] En parte por mí, pues los cambios eran muy recomendados a los palúdicos, y también por la misma Carmencita, el propio doctor ordenó se vinieran para La Habana Mamá, Concha y yo, quedando los restantes en La Víbora.

Como el doctor Cabrera era canario y Papá también era natural de las islas Canarias, se hicieron muy amigos y simpatizaron mucho así que este buen doctor hacía el sacrificio de su tiempo para ir hasta La Víbora. No había más que unos carros tirados por caballos que con mucha frecuencia descarrillaban o se podía ir en coche que era lo que hacía este doctor. Ya en La Habana, yo empecé a mejorar hasta que me puse bien del todo. No así Carmencita, que empeoró tanto que ya desahuciada la mandó el médico otra vez para La Habana a un punto alto y Papá eligió la calle de la Amargura y Villegas, que era el lugar adecuado. Allí el 3 de marzo de 1887 murió ella. Decir la desolación que fue

---

[12] El querido y admirado doctor Francisco Cabrera Saavedra (1850-1925) se conocía en América y Europa. Nació en Santa Cruz de la Palma, emigró a Cuba y murió en París. Fue un sabio y gran clínico, cirujano y especialista en medicina interna.

[13] «En el año 1901... el paludismo, que en comparación a años anteriores disminuyó considerablemente, ocasionó 151 víctimas». *La República de Cuba, Breve Reseña para la Exposición Universal de St. Louis, Missouri, USA*. Publicación Especial de la Secretaría de Agricultura, Industria y Comercio. (Habana: Imprenta de Rambla y Bouza, 1904), 19.

para mis padres y para Teté es imposible. Para Papá, era su hija más querida y para Mamá su primer gran dolor, aunque ya ella había visto morir dos hijitos recién nacidos. Su padre, que había muerto en el año 1880, ya era viejo y había cumplido su misión en la vida, pero su hija, en la flor de la vida con apenas diecinueve años, fue una crueldad del destino. Y allí no fue todo. Teté que se constituyó en enfermera de su hermana, porque yo era tan pequeñita que necesitaba de los cuidados de Mamá y también por el gran cariño que le tenía, parece que contrajo la misma enfermedad. Ellas siempre habían estado juntas, en el Colegio de las Ursulinas y después en las fiestas, pues había solamente dos años de diferencia entre ambas. Pero sea que fuera de naturaleza más fuerte o que se atendió más rápidamente, el caso es que se curó y vivió hasta los sesenta y ocho años. Al sentirse mal Teté y con fiebrecitas, Papá la llevó al doctor Landeta.[14] Éste, como primer remedio, mandó trasladarse toda la familia al Vedado que empezaba a estar de moda por sus baños de mar.

Las familias acomodadas alquilaban por la temporada las casas del Vedado y otras fabricaban, igual que actualmente con Varadero y Tarará.[15] En esa época la playa de Marianao tenía su Yacht Club pero era muy lejos y no teniendo coche, había que ir por tren que tardaba más de me-

---

[14] El doctor Juan B. Landeta y Fernández de Córdova (1838-1925) fue eminente clínico cubano. Estudió medicina en París y ejerció en Cuba y Estados Unidos. Fue miembro fundador de la Sociedad de Estudios Clínicos de La Habana en 1879. Entre los premios internacionales, se mereció la medalla de Reconnaissance de la República Francesa en 1917.

[15] Hacia 1860 se comenzaron a convertir las haciendas de lo que es hoy El Vedado en bloques o manzanas de unos 90 metros cuadrados.

dia hora. Y verdad que en La Habana, en lo que es hoy el Malecón, que no existía entonces, había unos baños: dos que yo recuerdo, uno que se llamaba de San Rafael y estaba en Mar y Crespo, y el otro de los Campos Elíseos.[16] Pero como había desagües de cloacas, la gente prefería estos del Vedado.[17]

Volviendo a mi historia, te diré que nos mudamos para la calle Quinta, número 42, que era de un señor Molina.[18] Y, por alquilarla Papá por mucho tiempo, se la dejó más barata. Ni que decirte lo que era El Vedado del año 87. El nombre de Vedado lo tiene porque el monte tenía los letreros *Vedado*. Es decir que no se podía ni traficar ni cazar. No existían aun las calles 17 ni 23, todo eso se denominaba Medina y El Vedado empezaba en el mar y terminaba en la calle 15. El término con el mar era el río Almendares.[19] Pero propiamente, El Vedado terminaba en la calle 12, donde estaba el paradero de los trenes que hacían el servicio entre La Habana y El Vedado. A las calles 14, 16 y 18, que eran casi despobladas, les decían el Carmelo, por la iglesia y convento

---

[16] Todavía existen pocetas en el arrecife costero. Los baños consistían en una planta rectangular o cuadrada con profundidades entre 1,5 y 2 metros. Había escaleras y casetas.

[17] Los baños de mar de las épocas colonial y republicana se encontraban en el tramo entre el Castillo de San Salvador de la Punta hasta la calle 8 en el Vedado.

[18] Ahora el número es 256.

[19] El río se nombró en honor al obispo Enrique Almendaris. Anteriormente, los indígenas le llamaron Casiguaguas y los primeros colonizadores, La Chorrera.

de Carmelitas Descalzos que aun existe.[20] A la parte más allá, y en las mismas márgenes del Almendares, le llamaban Pijirigua y era un lugar de pescadores y gente maleante. También quiero decirte que gran parte de lo que es hoy El Vedado era una finca del Conde de Pozos Dulces y que la casa de vivienda del Conde estaba en la calle 11 entre las de C y D.[21] Ya ahí la piqueta demoledora del tiempo ha hecho construir dos espléndidas casas de apartamentos, pero aun se respeta la antigua casa del Conde, que es hoy casa de inquilinato o solar, como se decía antes. A la muerte del Conde, sus herederos parcelaron los terrenos y los vendieron a censo, es decir comprometiéndose a pagar una cantidad anual.[22] Así [a censo] compró Papá ésta que tú habitas.

---

[20] El convento de Carmelitas Descalzas se fundó en 1696.

[21] El Conde de Pozos Dulces, Francisco de Frías y Jacott (1809-1877), nació en La Habana y murió en París. Promovió la modernización agraria y pecuaria en Cuba.

[22] Muchos de los solares de los herederos de Francisco de Frías, Conde de Pozos Dulces, y su hermano José de Frías, se vendieron a censo y otros en pleno dominio.

El puente del río Almendares en 1839

Cortesía de Library of Congress, Prints & Photographs Division, [LC-USZ62-42355].

II

LA INFANCIA Y LA ADOLESCENCIA

Me he ido de mi historia, pero vuelvo. Instalados en la calle Quinta, mis hermanas Concha y María gozaban lo indecible porque habiendo vivido entre cuatro paredes, como se dice vulgarmente, el venir al Vedado era un gozo para ellas. La primera casa que fuimos a vivir en El Vedado, que es la que viven las Lamas hoy en día, estaba rodeada de jardines de flores. Tenía diamelas, campanas y unas que les decían paraíso y que tenían un agradable perfume pero que hoy en día se han extinguido. También había muchos frutales, especialmente anones, guanábanas y granadas que en esa época, año 1887, se sembraban mucho en El Vedado.

La vida entonces era de lo más aburrida. Por supuesto, ni salir en coches, que era solamente para los que los tenían. Para ir a La Habana, había una máquina que pasaba por la calle Línea y que era conocida vulgarmente por la Cucaracha. Pasaba cada media hora, pero no era hora fija: la mayoría de las veces estaba atrasada, otras veces se adelantaba y a las diez de la noche era la última. En el invierno era un cementerio. En el verano los baños de mar mantenían animación, pero eso duraba cuatro meses. Estaban los baños de Ramón Miguel que hoy se llaman El Progreso, de Baños y Primera, y después con los años surgieron otros como los de Corujo, Carneado, etc. En los del Progreso organizaron en el año 1894 un grupo de jóvenes de la mejor sociedad, unas reuniones bailables los sábados. Como uno de esos jóvenes era Manuel Rodríguez Baz, amigo de tus tías y enamorado de tu tía María, embulló a tu abuelo a que las llevara a estas fiestas y fue un triunfo que las dejara ir. Pero las dejaba ir con la expresa condición de bailar nada más que piezas de cuadros que les llamaban así a los lanceros y rigodones muy en boga en esa época como también los valses. Allí conocieron tus tías a los que más tarde fueron sus esposos: Teté a tu tío y padrino Mariano Casquero Vieta y María a tu tío Justo Carrillo. Hubo también un baile de gala organizado por la esposa del que era en esa época gobernador general de Cuba y se llamaba Calleja.[23] A ése asistió solamente tía María, pues ya Teté era novia de Mariano y entonces las muchachas con novio salían poco.

En el año 1895 se casó Teté y el día de la toma de dichos se comentó el levantamiento o Grito de Baire.[24] Justo Carrillo, hermano del general Francisco Carrillo y eterno revolucionario, habló, aunque algo embozadamente del asunto.[25] El día 23 de marzo fue la boda a las nueve de la noche en la sala de la calle Quinta. Ella había pensado cele-

---

[23] El gobernador general de la colonia en 1895 era Emilio Calleja (1830-1906).

[24] Se refiere al alzamiento de armas en Baire, provincia de Oriente, el 24 de febrero de 1895.

[25] Justo Carrillo Morales (1862-1937) fue teniente coronel del Ejército Libertador, combatiente en la guerra por la independencia. En febrero de 1885, el general Francisco Carrillo Morales (1851-1926), mayor general del Ejército Libertador y uno de los principales organizadores de la guerra por la independencia, estaba localizado en Remedios, Las Villas.

brarla en la Parroquia,[26] pero tuve yo la mala ocurrencia de coger el sarampión días antes y el médico que me asistía, el doctor Juan B. Landeta, clínico eminente, se negó a dejarme ir a la iglesia, aunque Papá le dijera que me llevarían en cupé, coche cerrado que se usaba en esa época. Entonces Teté, que me quería mucho, decidió hacer la boda aquí en casa. Ella lucía muy bonita, con un traje elegantísimo de brochado, que era lo que usaban las novias de entonces, y hecho por una afamada costurera de color que se llamaba Ángela Álvarez.[27] Vino muchísima gente: toda la familia de Mariano, madre y hermanas y sobrinas que eran la mamá Camila Vieta y las hermanas: Isabel, casada con Carlos Vives, y Pepa, la Señora de Ávila. Las sobrinas eran Lucrecia, una belleza, María Isabel, Amelia y Angelina Vives y Cachita y Margarita Ávila, que es la madre de las Victorero, a quienes tú conoces. Por nosotros estaban Papá y Mamá, que fueron los padrinos, María y yo, tío Anselmo Castells (el hermano de Mamá) y su señora América Rabell, Tiíta (Irene), con Irenita e Ildara, Octavio y Laureano. Esos fueron los familiares y casi todas las amistades de ambas familias vinieron también. Se sirvió un espléndido bufet por el Café Europa, que aun hoy existe, pero no con la fama de entonces.[28] Recuerdo que tanto Tiíta como sus hijas se vistieron en casa y ya puedes imaginar la revolución que había.

---

[26] Conocida por «la Parroquia», la Parroquia del Sagrado Corazón de Jesús, es la iglesia más antigua de El Vedado. Se inauguró en 1892.

[27] Las afamadas costureras en La Habana, principalmente mulatas, cosían exclusivamente a mano y hacían bordados y encajes.

[28] El Café Europa se encuentra en La Habana Vieja, calle Obispo, esquina de Aguiar. A finales del siglo XIX el dueño era Juan Suriol.

Por cierto, que Tíita, que era muy linda, se vistió como para una gran soirée, sus hijas de seda color rosa y yo también de rosado. A Ildara le sucedió que se sentó en el tocador ya vestida y había un pomo de goma que entonces se usaba para pegarse unos ricitos, que se hacían en la frente y era bonito que quedaran pegaditos. Quien te dice que derrama Ildara el pomo y todo el vestido se le ensució. Después de la boda se fueron los novios a pasarse la luna de miel al Hotel Macotte, que estaba de moda, y a los pocos días vinieron a instalarse a las habitaciones que Papá y Mamá habían dispuesto para ellos.

Pasaron los años y siguió la guerra que terminó al fin con la independencia de Cuba. No puedes imaginarte la

Residencias en El Vedado, c. 1900

Cortesía de Library of Congress, Prints & Photographs Division, Detroit Publishing Company Collection, [reproduction number LC-DIG-det-4a05172].

tristeza de esos años sobre todo para María que tenía veinte años cuando Teté se casó. ¡Qué tiempos aquellos, Josefina! Las muchachas de entonces no podían salir solas, ni siquiera dos señoritas juntas, sino con una señora. Hasta para ir a misa los domingos teníamos que ir acompañadas por Teté, que a veces se enfermaba. Mamá rezaba mucho, pero no se preocupaba del precepto y nos quedábamos sin ir a misa. Teté y Mariano salían poco de noche y las pocas veces siempre nos invitaban a ir al teatro, principalmente. Así vi yo las zarzuelas *La verbena de la paloma* y *La gran vía*.[29] También vi a Loie Fuller, famosa por su danza serpentina, y a un famoso transformista que se llamaba Fregoli, que tan pronto salía disfrazado de prima dona como de criado, y todo eso en menos que te lo cuento.[30]

Siguió la guerra y una noche del 15 de febrero de 1898 se oyó una formidable detonación. Era que habían volado el acorazado *Maine* que estaba en la bahía. ¿Quiénes fueron?[31] No se ha podido esclarecer el hecho, pero lo cierto fue que

---

[29] Las dos zarzuelas se estrenaron en Madrid. *La verbena de la paloma* en 1894 y *La gran vía* en 1886, que se representó por muy largas temporadas.

[30] Loie Fuller, Marie Louise Fuller (1862-1928), alcanzó fama mundial por su danza serpentina con falda larga, túnicas y luces de colores. Nació en Illinois, Estados Unidos, y falleció en París. El actor y transformista italiano Leopoldo Fregoli (1867-1936) se convertía en distintos personajes durante su espectáculo dramático al cambiar de voz y vestuario de una manera frenética. En la psiquiatría se nombró Síndrome Frégoli el trastorno mental de confundir la identidad de las personas.

[31] Véase Thomas, *Cuba or The Pursuit of Freedom*, 361-64, para la descripción del hecho con opiniones que circularon y los reportes de las cortes de E.U. y España.

los Estados Unidos declararon guerra a España en abril de ese mismo año. El pánico que se produjo fue tremendo y las familias cubanas huían al extranjero como podían. Papá no quiso moverse del Vedado porque él estimaba que no había peligro de bombardeo, pero sí Mariano y nosotras. Nosotras teníamos mucho miedo y entonces Mariano alquiló una casa en la calzada de Reina y Escobar y allí pasamos un mes. Después nos mudamos a otra en la calle de Manrique, al lado de la Iglesia de la Salud, hoy de la Caridad. Pasó otro mes y viendo que no había peligro de bombardeo, regresamos a la calle Quinta.[32] Pues, aunque siempre había acorazados americanos cerca, entre otros el *Iowa*, salía un barquito español que se llamaba el *Conde de Venadito* y entonces los barcos americanos se alejaban.[33] Ellos lo que querían era mantener el bloqueo de la Isla. El 12 de agosto se firmó la paz. Esta guerra fue un desastre para España: perdió a Cuba, Puerto Rico, Filipinas y Guam, últimas posesiones que le quedaban.[34] Y eso se debió a la intransigencia de la regente María Cristina, regente desde 1885 hasta 1902, y de gober-

---

[32] La casa de la calle Quinta queda a dos cuadras del mar, entre las calles D y Baños (la calle E).

[33] El *USS Iowa*, que consta en la lista de buques de la Armada de Estados Unidos con la identificación de BB-4, se unió al bloqueo de Cuba en mayo de 1898 y el 3 de julio fue el primer acorazado en disparar en la batalla naval de Santiago de Cuba. En mayo y junio de 1898 el buque *Conde de Venadito*, un crucero de tercera clase de la Armada Española, salía del puerto de La Habana para disparar contra los buques estadounidenses que se mantenían a larga distancia.

[34] En la breve Guerra entre España y Estados Unidos en 1898, España fue derrotada y Estados Unidos comenzó a transformarse en una potencia mundial. En 1899 España le vendería a Alemania las posesiones restantes del Extremo Oriente.

nantes como el ministro de ultramar Antonio Cánovas del Castillo, quien dijo la célebre frase «hasta el último hombre y la última peseta».[35]

Vino la paz y con la paz la intervención americana. Fue nombrado gobernador el general Brooke, que por cierto se alojó en el Hotel Trotcha aquí en El Vedado.[36] Todas las tardes pasaban por casa de regreso de La Habana él y sus acompañantes. Estaba El Vedado lleno de soldados y por las tardes pasaban de la batería que estaba donde hoy está el Parque Martí, hasta otra en 3ª y 2ª, que aún existe, y donde iban a comer. A las nueve de la noche, al toque de silencio, todos tenían que estar en sus respectivas baterías. En esa época mi cuñado Mariano tenía un fonógrafo muy bueno con piezas de los mejores cantantes del momento y también recuerdo que tenía una de Adelina Patti, famosa cantante, ya en la decadencia.[37] Pues bien, muchas veces se colaban soldados para oír el fonógrafo.

---

[35] Ya en 1866, siendo Antonio Cánovas del Castillo ministro de ultramar, fueron echados de las Cortes españolas los representantes de las Antillas y por muchos años silenciadas sus voces en los centros políticos peninsulares.

[36] La entrega oficial de Cuba al general John Rutter Brooke, de Estados Unidos, fue realizada por el general español Adolfo Jiménez Castellanos el 1ro de enero de 1899 a las doce del día. El Hotel Trotcha, del catalán Buenaventura Trotcha, abrió en 1890 en la esplendida casa del Salón de Recreación que Trotcha había inaugurado en 1886.

[37] Adelina Patti (1843-1919), famosa soprano de ópera en Europa y las Américas, nació en Madrid y estudió música en New York desde los seis años cuando sus padres, los dos cantantes de ópera, se mudaron para el Bronx. Se ha considerado la mejor soprano de fines del siglo XIX.

En el año 1899 llegaron a La Habana los soldados cubanos libertadores y los hospedaron en la Quinta de los Molinos, donde fuimos una noche Teté y Mariano, María y yo. María estaba loca de contenta porque iba a volver a ver a Justo Carrillo, su amor de siempre, y así fue. Lo vio y él nos presentó al generalísimo Máximo Gómez, a quien le decían el «Chino Viejo» por el color de su tez y sus rasgos un poco achinados.[38] No puedes imaginarte el entusiasmo de todos los cubanos: era indescriptible. Vinieron todos los cubanos que estaban en los Estados Unidos, principalmente en Tampa y Cayo Hueso. Frente a nosotros, donde hoy está la tintorería, vino a residir una familia cubana que venía de Tampa. Se llamaban los Sotolongo y se componían de padre, madre y dos hijas, una de un poco más edad que yo y de la cual me hice amiga enseguida. El mayor de los varones era casado, y vivían en la misma casa las cuñadas Lola y Rosaura Miranda, las dos murieron ya.

Ya la vida empezó a ser más divertida para nosotros. También en la esquina de Quinta y Baños se mudó Perico Rabell, hermano de tía América. Con ellos vivían dos sobri-

---

[38] La Quinta de los Molinos, construida como residencia de los capitanes españoles y situada entre los jardines botánicos que pertenecían a la Universidad de La Habana, fue residencia del generalísimo Máximo Gómez. El nombre de la residencia se debe a los dos molinos de tabaco que funcionaron allí en los siglos XVIII y XIX. Máximo Gómez Báez (1836-1905) nació en Santo Domingo y murió en La Habana. Su última residencia de La Habana se encuentra en la calle Quinta, esquina D, luego el Colegio de las Dominicas Americanas. En Cuba fue general en la Guerra de los Diez Años (1868-78) y general en jefe del Ejército Libertador en la Guerra del 95 por la independencia de Cuba (l895-98). Cuando falleció se declaró luto nacional. Multitudes de personas salieron a las calles a esperar el carruaje fúnebre que partió del Palacio Presidencial con destino al cementerio Colón.

nas de la señora, Dorila Jiménez una y la otra Serafina Pelletier, hoy viuda de Fariñas, a quien tú conoces. En la casa que acaban de derrumbar en Quinta y Baños vivía Anita Galbis, también amiga nuestra. Así que, como ves, el grupo era grande y salíamos a pasear por las tardes y por las noches yo iba a casa de los Sotolongo. María, mi amiga, me daba clases de inglés y otras noches ella tenía reuniones donde iban americanos, compañeros de su hermano Willie, que trabajaba como taquígrafo en la Pirotécnica Militar. Ya puedes suponer cómo nos divertíamos. También volvió a abrir sus puertas la Sociedad del Vedado que había estado cerrada durante la guerra.[39] Todos los meses daban una función: a veces una comedia por aficionados, otras veces zarzuelas en un acto o conciertos de música y canto en la primera parte, y después baile. Entonces nos íbamos pues, como ya te dije, a Papá no le gustaba que bailáramos si no de cuadros y ya en esa época estaban abolidos.

No quiero dejar de decirte que he vivido dos siglos. Nacida en 1884 he tenido ese privilegio y en 1900, cuando llegó el nuevo siglo, ya tenía quince años. Se celebraron grandes fiestas para esperarlo y también misas de medianoche. Eso fue lo que hicimos María y yo en parte por devoción, y en mí también por novelería, pues nunca había ido a la Misa del Gallo, que es como se llama la misa de medianoche del 31 de diciembre. Estaba la Parroquia repleta y a la salida nos reunimos con las amigas y también con unos alemanes conocidos nuestros que gozosos nos felicitaban por el nuevo siglo veinte. Entonces la colonia alemana era muy numerosa y había una casa de banca de H. Upmann donde estaban empleados la mayoría de ellos. Quien iba a

---

[39] La Sociedad del Vedado encontró aposento en el Salón de Recreación de Buenaventura Trotcha (1886), luego Hotel Trotcha (1890).

decirles a ellos, que tan contentos estaban en esa época fuerte y poderosa, que este siglo traería la ruina de Alemania, la caída del Imperio, rematado con la fuga del emperador Guillermo en 1918. Después de haber abdicado en noviembre de 1918, se refugió en Holanda y murió en Doorn el 4 de junio de 1941, a los 82 años. Creía en el derecho divino de los reyes y había ascendido al trono imperial de Alemania el 15 de junio de 1888 a los 29 años.[40] Terminó siendo el hombre más odiado en el mundo. Después de esta digresión, vuelvo a narrarte mis recuerdos.

Ya en el año de 1900, Mariano que era Vista de Aduana de La Habana fue declarado cesante por el administrador de la aduana, Mr. Bliss.[41] Entonces él y Teté decidieron dar un viaje a Europa, lo que al efecto hicieron, saliendo en un barco español rumbo a Barcelona y visitando también París, donde en esos momentos tenía lugar la famosa *Exposición de 1900*. Fueron a Burdeos, Marsella, Lourdes, Mónaco y Suiza. El viaje duró ocho meses y ellos pensaban prolongarlo, pero como Papá se tenía que operar de cataratas, decidieron regresar para estar presente a la operación que le practicó el doctor Carlos Finlay, auxiliado por Arturo Aballí, estudiante de medicina en esa época y luego famoso médico

---

[40] Guillermo II de Alemania, Friedrich Wilhelm Viktor Albrecht von Hohenzollern (1859-1941), último rey de Prusia y último emperador o káiser del Imperio alemán, era hijo de Federico III de Prusia y la princesa Victoria del Reino Unido, hija mayor de la reina Victoria y el príncipe Alberto.

[41] Tasker Bliss (1853-1930), el comandante que se nombró jefe de aduanas luego fue general y jefe del Ejército Estadounidense en la Primera Guerra Mundial.

de niños.⁴² Aballí fue médico de tus hermanos.⁴³ Papá no quedó bien de la operación y eso que después le practicaron otras, pero sin éxito.

En 1901 se mudaron los Sotolongo, pues mi amiga María contrajo el tifus y al ponerse bien, decidieron mudarse. Ya yo no estaba tan divertida. María seguía la amistad con Dorila y Serafina, pero ellas eran bastante mayores que yo. Entonces salíamos mucho a La Habana de compras a la calle del Obispo. María hizo que me hiciera Hija de María de Belén, establecida en la iglesia de su nombre, y también del Apostolado, otra organización de la Iglesia. Con ese motivo íbamos todas las semanas a La Habana y a las Juntas del Ropero, a las que también iban, entre otras, Niñá y Margarita. Nos divertíamos bastante y luego hacíamos nuestro paseíto por Obispo con cualquier pretexto. Uno era el de cambiarle a Mamá centenes por pesos plata porque en El Vedado se dificultaba mucho el cambio. Los centenes eran moneda de oro de cinco pesos, pero pagaban a veces hasta siete pesos.

Pasó el 1901 y llegó el 1902. La Sociedad del Vedado organizó una función para sus socios. Iban a dar la zarzuela

---

⁴² El doctor Carlos J. Finlay (1833-1915) tenía una práctica de oftalmología en La Habana. Se conoce principalmente por ser el primero en descubrir que el mosquito transmitía la fiebre amarilla. Presentó su teoría en la Conferencia Sanitaria Internacional de 1881 en Washington, D.C., pero no fue hasta 1900, cuando Walter Reed continuó las investigaciones, que se llegó a aceptar la teoría. Finlay era hijo de un médico inglés que residía en Cuba. Estudió en Francia, Jefferson Medical College de Philadelphia y la Universidad de La Habana.

⁴³ Ángel Arturo Aballí (1880-1952), célebre maestro de la pediatría, estudió y trabajó en La Habana, Estados Unidos y Francia.

Marina y necesitaban muchachas y jóvenes para el coro.[44] Como el alma de eso era un primo de Mariano que se llamaba Miguel Vieta, padre de Mirta Vieta de Calvo Tarafa, nos nombró del coro a María y a mí, junto con Dorila, Serafina y otras muchas. El coro también estaba muy nutrido de muchachos. Todas o casi todas las noches había ensayo y el director era Marín Varona, que se hizo gran amigo nuestro.[45] Nos visitaba con frecuencia y como entonces estaba de moda coleccionar postales con autógrafos de personalidades, él nos consiguió muchas que aún conservo. A tu tía María le regaló un libro con sus *Danzas Tropicales,* de las que era afortunado autor, pues además de pianista era compositor. En esa época salíamos bastante a un teatro que se llamaba Albisu y que estaba donde está hoy el Centro Asturiano frente a la Manzana Gómez, que ya existía, pero de una sola planta.[46] En Albisu los miércoles eran de moda e iban las mejores familias. Además, íbamos una vez al mes a la Sociedad del Vedado. Al fin se cantó *Marina,* y al final hubo baile, como siempre. Como ya Papá nos dejaba bailar, nos divertíamos mucho.

---

[44] *Marina* (1855) por Emilio Arrieta fue primero una zarzuela de dos actos y luego ópera (1871).

[45] José Marín Varona (1859-1912), compositor de zarzuelas, canciones y obras para piano, fue director de orquesta en los teatros Albisu y el Alhambra. También fundó y dirigió bandas militares para las que escribió música patriótica.

[46] El teatro Albisu (1870-1918), uno de los más antiguos teatros de La Habana, fue fabricado por José Albisu con capacidad para 2.500 personas. Era la sede de la zarzuela.

El Parque Central, c. 1908
Cortesía de Library of Congress, Prints & Photographs Division, Detroit Publishing Company Collection, [reproduction number LC-DIG-det-4a2746].

Castillo del Morro, c. 1900

Cortesía de Library of Congress, Prints and Photographs Division, Detroit Publishing Company Collection, LOT 12007, p. 12 [P&P].

El 20 de mayo de 1902

Cortesía de Library of Congress, Prints & Photographs Division, [reproduction number LC-USZ62-65549].

III

LA JUVENTUD

Iba pasando el tiempo hasta que llegó el 20 de mayo, fecha en la que fue proclamada la República e izada en el Morro nuestra bandera. No puedes imaginarte el entusiasmo tan grande que había y las fiestas populares que se celebraron: arcos de triunfo, procesiones cívicas y miles de festejos. Nosotros fuimos a ver el cambio de bandera a casa de unos amigos que habíamos conocido en los ensayos de *Marina*. Era un matrimonio joven que vivía en unos baños de mar en La Habana en Malecón y Crespo, los Baños de San Rafael. Era el negocio de ese señor que se llamaba Oscar Moreira y ese día había invitado a muchas personas. Después de almorzar, que entonces se almorzaba a las once de la mañana, nos fuimos para allá a esperar ese gran acontecimiento de las doce del día. Nos quedamos toda la tarde y gozamos muchísimo. Fue proclamado presidente don Tomás Estrada Palma y vicepresidente Luis Estévez y Romero, personas dignísimas.[47]

Días antes nos habíamos encontrado con Justo Carrillo, el cual se puso muy contento con el encuentro, y enterado de

---

[47] Tomás Estrada Palma (1835-1908) fue presidente de Cuba de 1902 a 1906. Había asumido el liderazgo para la independencia después de la muerte de José Martí. Luis Estévez Romero (1849-1909), casado con la benefactora de Santa Clara Marta Abreu y Arencibia, renunció a su cargo en 1905 y la pareja partió para París. No volverían.

nuestra colección de postales, nos ofreció conseguirnos firmas de políticos y gobernantes. Con ese motivo volvió a visitarnos y a enamorar otra vez a María, que a la sazón también tenía de enamorado a Marín Varona y a un señor español que se llamaba Constantino Martín, con el cual nos reíamos mucho. La pasábamos muy bien; éramos muy felices; y al fin María aceptó a Carrillo, que la pidió en el 1903. Ya entonces, salía yo sola y me hice muy amiga de Serafina Pelletier e íbamos mucho al Malecón, que estaba de moda ir por las tardes. Los jueves por la noche íbamos a la retreta, los domingos a los Baños de Corujo y después de misa, a la glorieta de la playa de Marianao donde daban *matinées*. También íbamos al Habana Yacht Club, que no era el espléndido edificio de hoy, sino una casa de madera donde iba la más exclusiva sociedad. Pero como era caro el ser socio, no había jóvenes, así que se divertía más uno en la glorieta, a la que iba toda la juventud habanera. Yo lucía muy bien, pues según decían, tenía muy buena figura. Entonces se usaba ser gorda y yo estaba gordita; tenía el pelo castaño claro; y era de tez blanca y alegre, así que tenía bastante partido.

Ya en el 1906, Papá empezó a decaer de salud. Tenía arteriosclerosis y se agravó tanto que al fin María y Carrillo decidieron casarse. Llevaban ya tres años de relaciones y Papá les había fabricado los altos que ahora tienen Pedro y Graziella.[48] Carrillo era representante y en esa época ganaban trescientos pesos, que era considerado un gran sueldo, pues entonces se vivía con más modestia. Pues, así y todo, tu tía María quería tener su equipo de novia terminado antes

---

[48] Pedro Pablo Pujals y Hernández se casó con Graziella María Muñiz y del Valle en 1950 y residieron en la calle Quinta por unos años. Este matrimonio tuvo cinco hijos: María del Rosario, María Cristina, Pedro Pablo, Eugenio Pacelli y Javier Enrique.

de casarse. Pero con la gravedad de Papá, tu tía Teresa [Teté] y yo la hicimos que se decidiera, y al fin se fijó la boda para la noche del 26 de noviembre. El traje de novia también se lo hizo Ángela Álvarez y ella lucía muy bien. La boda fue íntima y también en casa. Fueron los padrinos Papá y Mamá. De la familia solamente asistieron tío Anselmo, la sobrina de tía América, Margarita Adot, y Tíita con Irenita, Pura [Irlinda Pura] y Laureano. Tía América acababa de perder a su madre en junio y su duelo era tan grande que no iba mas que a la iglesia e Ildara tampoco asistió por haber perdido a su esposo pocos meses antes. La ceremonia, como ves, fue muy sencilla y los novios se fueron a pasar la luna de miel a un hotel que estaba donde está hoy el famoso restaurante La Reguladora. Por cierto, que un día me invitaron María y Justo a comer y luego a pasear en coche por el Prado, que era la moda entonces. El paseo era desde la glorieta del Malecón hasta el Parque Central.[49] Pues yo, que había comido ostiones, me empecé a sentir mal, pero no dije nada. En esto nos bajamos del coche y cogimos el tranvía para regresar a casa. Al llegar a la calle de Baños nos bajamos y yo estaba que no podía más de fatigas. Al llegar a Calzada, me paro y vomito todo lo que había comido. Días después se fueron ellos para Remedios, Santa Clara y Cienfuegos, donde estuvieron un mes y al fin se instalaron en casa. Pasaron los meses y Papá seguía resistiendo hasta que al fin

---

[49] El Paseo del Prado, al estilo madrileño, comenzó a construirse en 1772 y se llamó Paseo de Isabel II. A principios del siglo XX el Prado se vinculó al Parque Central. Tras una encuesta en 1899 del semanario *El Fígaro*, la primera estatua de José Martí en la isla se comisionó para el pedestal del Parque Central. En 1905 fue desvelada la obra de mármol realizada en Roma por del escultor cubano José Vilalta Saavedra (1862-1912).

empeoró y falleció el día 23 de marzo de 1907, la casualidad que era la fecha del aniversario de bodas de Teté y Mariano.

El Prado, c. 1908

Cortesía de Library of Congress, Prints & Photographs Division, Detroit Publishing Company Collection, [reproduction number LC-DIG-det-4a27457].

Las cosas siguieron igual, viviendo los dos matrimonios en casa y Mamá y yo. Nada de particular ocurrió en ese tiempo de luto, que entonces se guardaba mucho. No salíamos a nada y como estábamos de luto no había nada que comprar. Lo único era ir a la iglesia. Se le mandaron a decir misas gregorianas a Papá en la Parroquia e íbamos todos.[50] Por cierto que un día nos cogió un aguacero y todavía no había automóviles. No se habían inventado los automóviles y los coches solamente los muy ricos los tenían, porque era un gasto muy grande. Así que tuvimos que guarecernos en el Colegio de La Salle. Recién llegados a Cuba los hermanos, estaban instalados en Línea y D, donde hoy está la botica La Parroquia. Pero no era la casa de ahora, sino una de una planta con terrenos hasta Calzada. No existía tampoco el Carmelo y esos terrenos eran para juegos de los muchachos.[51]

En el 1908 nació Pedrito Carrillo y fue motivo de gran alegría por ser el primer nieto de Mamá y primer sobrino. Por cierto, que el día que nació Pedrito, primero de abril, llegó el juego de comedor que tengo yo y que Mamá mandó a hacer con unas caobas que le regaló Carrillo. Entonces, él tenía el negocio de polines, o sea, traer la madera para los ferrocarriles en las líneas. Ya nacido Pedrito, Teté y yo salíamos bastante e íbamos a conciertos, a las retretas del Malecón los jueves. Por las tardes, como ya Serafina se había mudado de por aquí, me reunía con Quelita López. Aunque ella vivía en la calzada de Galiano, nos encontrábamos en el Malecón. También iba a las veladas en la Sociedad del Vedado y en sus bailes de máscaras me divertí mucho. A esos fui con Serafina. Una vez fuimos de dominó negro, con capirucho y careta, por supuesto, y dimos muchas bromas. También mis tíos América y Anselmo me llevaban a un baile en el Casino Alemán, que se celebraba el 24 de

---

[50] Las misas gregorianas son una serie de treinta misas por un difunto durante treinta días consecutivos. Se vinculan a San Gregorio Magno en *Diálogos IV* acerca de los sufragios por los difuntos.

[51] El Carmelo es un restaurante en Calzada, esquina calle D.

diciembre.⁵² Tenían un árbol de Navidad colosal que después el 31 de diciembre lo echaban abajo y todo el mundo se repartía los objetos de cristal con que estaba adornado. En la fiesta del 24 de diciembre y en la del 27 de enero, que daban para celebrar el cumpleaños del kaiser Guillermo II, emperador de Alemania nacido en 1859, se bailaba la polonesa y repartían sombreros de papel para las muchachas y gorras para los muchachos. Era una alegría indescriptible, pero eso sí, a las dos de la mañana ya se terminaba la fiesta.

Esos días yo me quedaba a dormir en casa de tío Anselmo que vivía en la calle de Egido, número 18, con su esposa y los sobrinos de tía América: Adolfina, a quien llamaban Niñá, y su hermana Pepa Vignau y Margarita Adot. Ellas se casaron primero que yo y Niñá tuvo una gran boda, pues su suegro, Julio de Cárdenas, era alcalde de La Habana y hasta asistió Mr. Magoon, gobernador en la segunda intervención americana.⁵³ Con motivo de ser don Julio alcalde, ella tenía entrada gratis en todos los teatros y con ellos fui yo a ver a una artista italiana que se llamaba Tina di Lorenzo y que gustó mucho.⁵⁴ También vi a Teresa Mariani y otras porque en esa época vinieron muchas compañías de comedia y drama italiano y muy buenas compañías españolas, como

---

⁵² En el primer *Libro de Actas del Casino Alemán, 1862-69*, en La Habana se encuentran los objetivos del casino: el agrupar a los residentes del país y realizar actividades socioculturales y recreativas.

⁵³ El doctor Julio de Cárdenas fue alcalde de La Habana entre 1906 y 1912. Charles Magoon (1861-1920), el abogado y juez de Nebraska que fue enviado a Cuba por el presidente estadounidense Theodore Roosevelt, gobernó durante la segunda intervención de Estados Unidos, 1906-09.

⁵⁴ Tina di Lorenzo, Concettina di Lorenzo (1872-1930), fue una cumplida actriz teatral italiana.

fueron las de María Guerrero y Fernando Díaz de Mendoza, Larra, Balaguer, Thuiller y tantas que no recuerdo.[55] También venían buenas compañías de ópera y cantantes de fama como María Barrientos, espléndida soprano de coloratura española, pero feísima ella.[56] A oírla en la ópera cómica *Don Pasquale* fui con María y Carrillo.[57] Ésa fue la primera temporada de la diva y después la volví a oír en *La Traviata* en el Politeama, un teatro que hicieron en los altos de la Manzana Gómez, que por cierto fracasó, y entonces su dueño hizo el espléndido edificio de hoy.[58] El teatro lucía precioso lleno de lindas mujeres y los caballeros de *frac* o *smoking*. Mi cuñado Mariano fue presidente de los bomberos y cuando daban beneficio tenía que ir. Teté y Mariano me llevaban a mí a las funciones y también a María, antes de casarse.

---

[55] María Ana de Jesús Guerrero (1867-1928) fue una actriz dramática española que se casó con Fernando Díaz de Mendoza (1862-1930), empresario teatral, director y actor español. Mariano de Larra y Juan Belaguer eran actores que se conocían por representar obras cómicas. Emilio Thuillier (1868-1940) fue un destacado actor español que trabajó con María Guerrero y Fernando Díaz de Mendoza. Formó su propia compañía con Rosario Pino.

[56] María Barrientos (1883-1946) fue una de las más destacadas sopranos de su época.

[57] *Don Pasquale*, la ópera bufa en tres actos de Gaetano Donizetti, se estrenó en París en 1843.

[58] La Manzana Gómez se encuentra frente al Parque Central. La primera edificación comenzó en 1890 por Julián de Zulueta. Antes de terminar la primera planta se la vendió a Gómez Mena, quien construyó dos teatros en los altos y después más pisos para convertir el edificio en oficinas y tiendas. *La Traviata*, una ópera en tres actos de Giuseppe Verdi, se estrenó en Venecia en 1853.

Con ellos oí a la Tetrazzini y también a Hipólito Lázaro, a ella en *Lucia* y a Lázaro en *Rigoletto*.[59]

A los diez años de la Guerra de Independencia vino una corbeta escuela española llamada la *Nautilus* y les hicieron muchos agasajos por parte de la colonia española.[60] El alcalde les dio un *Garden Party* en la Quinta de los Molinos, que fue residencia de los capitanes generales españoles durante el verano. Te diré que Irenita y Pura nos habían invitado al recibimiento y que su padre les había conseguido un pase para entrar en el barco.[61] Lo único que no se sabía seguro era qué día entraría en el puerto y esa mañana Teté se había lavado la cabeza cuando empezaron a sonar los cañonazos anunciando la llegada. Teté, corriendo, trató de peinarse lo mejor que pudo. Yo me vestí a la carrera y cuando llegamos a casa de Irenita nos encontramos a ésta en el espejo probándose unos buclecitos postizos que se usaban entonces. De más está decirte que cuando llegamos al muelle, ya habían desembarcado los españoles. Esto fue en el 1908.

---

[59] Luisa Tetrazzini (1871-1940) fue una soprano de coloratura italiana que alcanzó gran fama en Europa y las Américas. Su hermana mayor, Eva Tetrazzini, también fue una gran soprano. Hipólito Lázaro (1887-1974) fue un famoso tenor lírico español. *Rigoletto*, una ópera en tres actos de Giuseppe Verdi, se estrenó en Venecia en 1851.

[60] La corbeta *Nautilus* (1886), un buque escuela de la Armada Española, realizó un viaje de circunnavegación a vela entre noviembre de 1892 y agosto de 1894 para conmemorar el cuarto centenario del descubrimiento de América. Visitó La Habana en el verano de 1908 y fue el primer buque español que visitó Cuba después de la independencia.

[61] Los hijos de la menor de las Castells, Irene, a quien le decían Tiíta, casada con Laureano Rodríguez, fueron Ildara, Irenita, Irlinda Pura, Octavio, Laureano y Esteban.

Seguimos paseando y divirtiéndonos y en el 1910 tu prima Ana María Carrillo, que era monísima, nació el 31 de marzo y el 26 de mayo fue el bautizo del que fueron padrinos Mariano y Teté, y como en esa época tenían dinero, fue un bautizo muy rumboso.[62] Yo seguía saliendo y un día fui a una fiesta por la tarde en el Centro de Dependientes.[63] Me puse zapatos blancos que se usaban de tela y era la última moda. Hasta entonces solamente se ponían zapatos carmelitas o negros, hasta para ir a los bailes las muchachas los usaban de charol negro. Solamente las muy ricas los usaban del mismo color del traje y era un gran lujo.

En el verano de 1910 salíamos mucho y los domingos íbamos Pura y yo con Lolita Mataró (ya fallecida) y Adela Olavarría a los baños. Había música y concurrían todas las muchachas conocidas y los jóvenes. Todavía no existían el Biltmore, ni el Miramar, ni todos los *clubes* de hoy en día. Un domingo de esos Pura conoció al hijo de Carlos Manuel de Céspedes, el del Grito de Yara, que se llamaba también Carlos Manuel y que más tarde fue presidente provisional en 1933. Él se prendó de ella y la invitó para ir esa tarde al Ateneo de La Habana que daba un recital poético Santos Chocano, célebre poeta suramericano y autor de la bella poesía «Los caballos de los conquistadores».[64] El enamora-

---

[62] Teté y Mariano no tuvieron hijos.

[63] El Centro de Dependientes era la sede social de la Asociación de Dependientes del Comercio de La Habana fundada en 1880 para promover los intereses culturales de los comerciantes españoles en Cuba. En 1907 se inauguró un nuevo Centro en Prado con espaciosos salones para conciertos y bailes.

[64] José Santos Chocano (1875-1934) fue un destacado poeta peruano.

miento duró nada más que ese día y después ni se ocupó él más de ella.

Terminó el año 10 y en el 11 conocí yo a tu padre. Venía a casa todos los domingos un señor ya mayor que se llamaba Perico Gibert. Era gran amigo de tío Anselmo desde la niñez y también de Mamá y Tiíta. Igualmente era amigo de Pujals, tu abuelo, donde estaba residiendo. Este señor tenía muchas simpatías por mí y asimismo por Enrique. Empezó a darme bromas y a decirme lo que quería hacer. Al fin, una noche vino de visita tu padre. Siguió el tiempo y no volví a verlo hasta que una noche nos encontramos en el Politeama y nos invitó a ver su cría de pollos que tenía en la planta eléctrica de Marianao, donde estaba de subadministrador. Al efecto fuimos y después empezaron a menudear las visitas.

En esa época mi prima Pura siempre estaba en casa, lo mismo que Irenita. Mariano, aburrido ya del fonógrafo, había comprado una pianola como la que tenemos ahora, pero había que moverla con los pies. Así nos reuníamos hasta que un día Enrique propuso ir de paseo a Cojímar y dijo que él ponía los pollos.[65] Mariano se ofreció a cocinarlos y fuimos al Torreón de Cojímar donde almorzamos.[66] Después, otro día inventó Enrique ir a ver las obras de remover de la bahía los restos del *Maine*.[67] El barco destruido

---

[65] Cojímar se encuentra al este de La Habana.

[66] El Torreón de Cojímar es una antigua fortaleza o castillito a la entrada de la bahía. Fue construido por los españoles en 1649.

[67] El acorazado *Maine* fue un buque de segunda clase de la Armada de Estados Unidos. Entró en el puerto de La Habana el 25 de enero de 1898 donde explotó a las tres semanas. El 9 de mayo de 1910 Estados Unidos aprobó el remover los restos.

estaba allí a la entrada del puerto y molestaba para la navegación. Por último, dimos un paseo al Morro, que nadie en casa había estado.[68] Yo me decidí al fin, y ese día del paseo al Morro, el 31 de julio de 1911, Enrique le pidió mi mano a Mamá. Entonces se usaba así, aunque también hacían la petición los padres del novio. Llevamos diez meses de relaciones y como ya Enrique y yo éramos grandecitos, él había cumplido los 27 años el 2 de julio y yo los cumpliría en octubre, empezamos a hacer los preparativos de boda.

A Enrique lo habían nombrado administrador de la planta eléctrica de Batabanó y también lo habían designado para ampliar el negocio dando luz a otros pueblos.[69] El dueño del negocio, Francisco de Sola, exigía que vivieran allí. Yo estaba erizada, pues había oído hablar de la cantidad de mosquitos, mejor dicho de jejenes, que había. Además, hace treinta y un años había mucho atraso aun en La Habana misma. ¡Qué diremos de un pueblo de tercera o cuarta categoría! Pero, qué remedio quedaba sino el ir. La boda se fijó para el 30 de mayo de 1912 a las nueve de la noche en la Parroquia del Vedado.

Aquí debían terminar mis recuerdos y como en los cuentos decir: se casaron; fueron muy felices; y tuvieron muchos hijos. Pero, hojeando esta libreta veo que omití el viaje a Canarias y quiero hablarte de él.

---

[68] El Castillo de los Santos Reyes Magos del Morro, conocido como el Morro, es una fortaleza con faro para guiar a los navegantes. La construcción comenzó en 1589 y se inauguró en 1649. Es la más antigua fortaleza construida por los españoles en América.

[69] Batabanó es una villa fundada en 1688 al sur en la Provincia de La Habana.

Valle de La Orotava y el Teide, c. 1900

Cortesía del Cabildo de Gran Canaria, Archivo de Fotografía Histórica de Canarias, [01465].

Vista panorámica de Santa Cruz de Tenerife, 1893.

Cortesía del Cabildo de Gran Canaria, Archivo de Fotografía Histórica de Canarias, [00703].

Transportando la paja en Tenerife, c. 1890

Cortesía del Cabildo de Gran Canaria, Archivo de Fotografía Histórica de Canarias, [00494].

IV

EL VIAJE A LAS ISLAS CANARIAS

Resulta, como te dije al principio, que en 1887 el doctor Landeta recetó El Vedado primero para la salud de Teté, pero viendo que ésta no acababa de ponerse bien, le dijo un día a Papá que se la llevara para su tierra, Canarias. En la capital de las islas, Santa Cruz de Tenerife, había un lugar que se llama Orotava que es espléndido para la tuberculosis.[70] Le dijo el doctor que cuando llegara el mes de abril nos marcháramos, como así se hizo. Un día de abril nos embarcamos Papá, Mamá, Teté, Concha, María y yo, entonces de tres años. Además, vino la criada llamada Irene Castells, por ser hija de una esclava de mi abuelo y un lorito.[71] La travesía fue muy buena según me han contado y al fin, después de varios días de navegación, llegamos a

---

[70] Santa Cruz de Tenerife se encuentra al extremo oriental de la isla de Tenerife, la más grande del archipiélago canario. En el municipio existen diversos ámbitos climáticos por la diversidad del territorio y el flujo de los vientos húmedos del noreste. La Orotava es una villa del Valle de La Orotava a cuatrocientos metros de altitud en la provincia de Santa Cruz de Tenerife. La orografía, el clima benigno y la abundancia de agua resultan en un verdor perenne y una vegetación exuberante.

[71] Se refiere al hecho de que no se documentaba el nombre del padre, «un lorito», y que el pellido era Castells, al ser la nombrada Irene Castells, hija de una antigua esclava del abuelo Castells.

Santa Cruz de Tenerife donde estuvimos unos días para después instalarnos en La Orotava. Aunque era el mes de mayo, aun se sentía allí frío como aquí los días fríos. Tomamos una gran casa, pero por un módico precio. Allí la vida era entonces muy barata. La casa tenía un gran jardín, que siguiendo las desigualdades del terreno, terminaba en alto.[72] Había infinidad de flores, entre otras magnolias, un arbusto que da las preciosas flores de su nombre. Allí domina el volcán el Teide cubierto de nieve, el cual ha tenido muy pocas erupciones.[73]

A la criada Irene tuvo Papá que embarcarla a Cuba por enfermedad a los pocos meses de estar en Canarias. Nosotros estuvimos en La Orotava hasta que empezó a refrescar más y ya en octubre nos fuimos para Santa Cruz a pasar el invierno. Hicimos muchas amistades y entre otras la del doctor Febles, que Papá nombró médico de Teté. Este doctor, Juan Febles y Campos, era de humilde cuna, pero su padre era rico y quiso que su único hijo fuera célebre.[74] Como a él le gustaba la medicina, pues a estudiar medicina lo mandó. Primero estudió en Madrid, donde por cierto conoció al doctor Cabrera Saavedra, también canario como él.

El doctor era un hombre simpático y espléndido. Por supuesto, no quiso cobrarnos nunca y nos obsequiaba mu-

---

[72] El Valle de La Orotava es más como una meseta que un valle, pues no es plano al descender del volcán el Teide.

[73] El Teide, situado en la isla de Tenerife en las islas Canarias, es el punto más alto del país de España y el tercer mayor volcán del mundo.

[74] En 1881, el doctor Juan Febles Campos formaba parte de la Junta Directiva de la Academia de Medicina en Canarias con el cargo de Secretario de Gobierno. Sería alcalde de Santa Cruz de Tenerife en 1900.

cho. Su padre tenía una finca cerca de Santa Cruz que se llamaba Geneto, y allí nos llevaba a cada rato. Allí vi yo por primera vez una vendimia y por cierto, de un modo muy primitivo.[75] Cortaban las mujeres los racimos de uvas inmensos y los echaban en una tina muy limpia. Entonces un hombre, con sus pies muy limpios también, se metía en la tina y empezaba a pisar los racimos para que saliera el jugo que luego ponían en grandes toneles en el lagar, un salón con poca luz. Allí estaban fermentando el tiempo debido. También en el mes de junio en la trilla van trillando las espigas de trigo con una especie de arado. Yo iba en uno de ellos y me divertía cuando la paja era tan grande que se caía uno en ella. También azuzaba a los bueyes con el aguijón. Tengo tan buenos recuerdos de esa finca que a pesar del tiempo transcurrido y de mi corta edad, me acuerdo muy bien. Yo quería mucho a Febles y él a mí también. En Canarias, donde fuimos por seis meses, nos pasamos tres años. No volvimos más a La Orotava, sino que los veranos íbamos a un lugar llamado La Laguna y en el invierno a Santa Cruz.[76]

Allí, en aquellos años se celebraban grandes y solemnes fiestas de Semana Santa y hasta por la mañana temprano había una procesión. También el día de Corpus Christi se celebraba la procesión del Corpus y cubren las calles con pétalos de flores figurando alfombras.[77] Recuerdo que una

---

[75] El clima y la geología contribuyeron al cultivo de la vid que se introdujo por los europeos en el siglo XV.

[76] San Cristobal de la Laguna, conocida por La Laguna, es una villa situada en el noreste de la isla de Tenerife junto a Santa Cruz de Tenerife.

[77] Las alfombras de flores y arena de distintos colores son tapices de arte efímero con temas y representaciones.

alfombra era la imagen del Sagrado Corazón, algo precioso. Cuando ya nos veníamos, Papá quiso subir al Teide. Fue con un grupo de amigos y guías y nos trajo lava y azufre que Mamá conservó por muchos años. También contó del gran frío que pasaron. En Canarias hay gran abundancia y variedad de flores: las camelias, heliotropos, arrayanes, rosas, musgo, violetas, dalias, gladiolos y alelíes. De helechos hay una gran variedad y también de begonias lindísimas. De frutas hay uvas, peras, albaricoques, melocotones, ciruelas y muchas más. La papa isleña tiene fama y también el vino. Por fin nos embarcamos muy a disgusto de Teté y Concha, pues las dos dejaban por allí sus amores. La primera era novia del doctor Febles y la segunda de Cándido Domínguez.

    Una semana de febrero llegamos a La Habana no sin antes haber hecho escala en San Juan de Puerto Rico, Ponce y Mayagüez, donde en esta última vi yo por primera vez un ingenio de azúcar. Fuimos directamente a nuestra casa de Quinta, número 42, que Papá había comprado antes de embarcar, el 9 de noviembre de 1887. Y aquí estoy desde hace sesenta años, pues llegamos aquí el 21 de febrero de 1891. Un poco después de estar aquí llegó el novio de Concha, Cándido Domínguez, con el propósito de casarse y quedarse aquí en Cuba. Pero en vista de que no conseguía ninguna colocación, decidió casarse e irse los dos a Canarias. Ella estaba muy enferma y a pesar de que Papá llevó a Cándido a consultar con el doctor Landeta y decirle éste la verdad, él insistió. Al fin se casaron y se embarcaron ese mismo día en el vapor *Julia* rumbo a Canarias. A los diez días de viaje falleció la pobre Concha de ataques de clancia.[78] Le dieron veintisiete. Su cuerpo tuvo que ser arrojado al mar. Mamá

---

[78] Se refiere a convulsiones.

tuvo un disgusto muy grande, pues además de ser la segunda hija que perdía, por las circunstancias en que fue la muerte, y eso que ella ignoró siempre el que fuera arrojada al mar. La muerte de Concha ocurrió el 6 de mayo de 1892, a los veinte años.

Ese mismo año se casó tío Anselmo a los cuarenta y siete años con tía América y después se fueron a viajar por Europa. El nombre de soltera de tía América era Rabell y era una mujer muy linda. Se podía considerar que era una belleza.

Nosotros seguimos vegetando cuando en esto llegó a La Habana un hermano de Mamá, tío Miguel, el cual venía muy enfermo. Teté le suplicó a Papá el que lo trajera a nuestra casa para que estuviera más atendido: lo que al fin consiguió Tete y lo instalaron en el cuarto que hoy tiene tu padre. Él padecía de un cáncer en la laringe y lo habían operado en Filadelfia, donde estaba residiendo desde la muerte de mi abuelo, don Ramón Castells, el cual murió en 1880. Le pusieron a tío Miguel una Sierva de María y además una criada que fue Catalina, esclava que había sido de mi abuelo.[79] En casa estuvo dos meses escasos, pues murió el 13 de marzo de 1893 a los cuarenta y cinco años. Esta esclava de mi abuelo, Catalina, era la persona más simpática del mundo y se encariñó mucho conmigo. Vivía con una nieta y cuando ya no podía trabajar por ser bastante vieja, iba a casa todos los meses y Mamá le daba algún dinero y ella en cambio nos llevaba frutas de regalo. Aunque analfabeta, era inteligente y fiel. Cuando murió mi abuelo, la heredó mi tío Anselmo, que inmediatamente le dio su libertad: cosa que ella le agradeció profundamente al niño Anselmo. Así era

---

[79] Las Siervas de María son religiosas que cuidan a los enfermos, a todos los que sufren de dolor o soledad.

como les decían los esclavos a los hijos de sus amos, niño. Y así era la niña Nena, la niña Irene, el niño Miguel. Ya murió Catalina hace muchos años, tantos que no recuerdo la fecha, pero he querido hablar un poco de ella a manera de recuerdo a su memoria.

Alfombra de flores en La Orotava, 1900

Cortesía del Cabildo de Gran Canaria, Archivo de Fotografía Histórica de Canarias, [00513].

V

EL MATRIMONIO

Cuando nos casamos Enrique y yo fuimos a pasar la luna de miel al Hotel Sevilla y el último día de nuestra estancia allí nos fuimos para Matanzas.[80] Yo deseaba conocer las Cuevas de Bellamar, así que ese último día lo pasamos allí. Por la noche nos fuimos para casa, donde Mamá nos había dado dos cuartos. Enrique me compró el juego de cuarto Luis XV que aun conservo. Un mes después nos fuimos de viaje a New York que yo no conocía, al Niágara y en Canadá hasta Quebec, igual que hicieron Pancho y Romelia, que se habían casado el 5 de febrero del mismo año.[81] Pero ellos tuvieron la mala suerte de tener que interrumpir el viaje pues Polito, el hermano de Romelia, tuvo la mala suerte de tener un grave accidente automovilístico en el que sufrió la fractura de ambas piernas. Pues bien, nosotros embarcamos el 30 de junio y fuimos por mar hasta New

---

[80] El Hotel Sevilla, que se inauguró en 1908, se ubica en la calle Trocadero en La Habana Vieja. Matanzas es una provincia del occidente de Cuba. El nombre deviene de la matanza de un grupo de españoles por los aborígenes en 1510.

[81] Francisco Salvador Prisco Pujals y Claret (1886-1958) se casó con Romelia Mederos y Cabañas (1888-1983) en la Capilla del Colegio de Belén el 5 de febrero de 1912.

York. Entonces se hacía el viaje o bien directo hasta New York o yendo a Tampa y de ahí por tren hasta New York. Nosotros decidimos ir directo. Fuimos en el vapor *Havana,* que era uno de los que hacía esa travesía. Tuvimos tres días y pico de viaje. La entrada de New York es algo maravilloso con sus islitas y la estatua de la Libertad. El barco iba lleno de cubanos: entre otros Graciela Balaguer, madre de Inés María Blanco, a quien tú conoces, Massaguer el caricaturista, Inesita Goyri, madre de Graciela Balaguer y otros muchos que ya no recuerdo.[82] Desembarcamos el 4 de julio y fuimos a hospedarnos a un hotel en la calle 77 que se llamaba Manhattan Square, frente al Museo de Historia Natural. A la semana nos fuimos para el Niágara, las famosas cataratas, y estuvimos también en Albany y Saratoga. Después del Niágara fuimos a Montreal, donde Enrique me regaló dos zorros, a las Mil Islas, a los lagos Jorge y Champlain, y luego por el gran lago Ontario a Quebec que me encantó.[83] También viajamos por el San Lorenzo y conocimos sus célebres rápidos. Al regreso, otra vez unos días en New York y luego para La Habana. Mucho gocé con mi viaje. Todavía no existían los enormes edificios que después se han construido. Estaban haciendo el de Woolworth, que iba a ser el más alto.[84]

---

[82] La obra de Conrado Massaguer (1889-1965) ganó gran fama en Cuba y el extranjero. Se publicaron sus caricaturas en Cuba, Estados Unidos y Europa. Massaguer fundó agencias de publicidad y revistas, su primera revista con el apoyo de Laureano Rodríguez Castells.

[83] Las Mil Islas se encuentran en la frontera del estado de New York, Estados Unidos, con la provincia de Ontario, Canadá.

[84] El Woolworth fue el edificio más alto del mundo cuando se terminó en 1913.

La vida continuó su marcha y paseábamos bastante: íbamos al teatro principalmente. El 8 de diciembre se casó Joseíto Pujals con Dulce María.[85] En septiembre nació mi sobrino Justico Carrillo, de quien fuimos padrinos Enrique y yo. Romelia y Pancho Pujals tuvieron su primer hijo en noviembre, Francis.[86] Tu padre a instancias mías dejó el puesto de Batabanó y vino a trabajar en la Casa de Zaldo y Martínez, donde lo nombraron administrador de las plantas de electricidad de Quivicán y Güira de Melena, propiedad de esa firma y más adelante Enrique compró Melena del Sur con otro socio.[87]

Así seguían las cosas: los negocios iban bien y nosotros viviendo en casa de Mamá no teníamos grandes gastos hasta que al fin, el primero de diciembre de 1914, nació Beba, mi primera hija.[88] Yo estaba loca de alegría, pues como ella nació a los dos años y medio de casada, creía que ya no tendría hijos y después, ya ves, todos los que tuve. El día primero de enero de 1915 fue el bautizo de mi primogénita y los padrinos fueron Mamá y tío Anselmo. Beba se crió muy delgadita y la falta de experiencia me hacía creer que lo más insignificante era una gravedad. Así pasó el tiempo y cuando Beba tenía dieciséis meses nació tu hermano Enri-

---

[85] José Sebastían Gil Pujals y Claret (1878-1959) se casó con Dulce María de los Reyes Gavilán y Acosta (1885-1974). Tuvieron una hija, Marta de Lourdes Juana de la Cruz.

[86] Francisco Pujals y Claret (Pancho) y Romelia Mederos y Cabañas tuvieron cuatro hijos: Francisco José Leopoldo, Elena Victoria Enriqueta, Alicia Romelia María y José Leopoldo.

[87] Quivicán es un municipio que perteneció a la provincia de La Habana hasta 2010. Limita al oeste con Güira de Melena.

[88] Beba se bautizó María Magdalena Natalia.

que, que al contrario de Beba, era gordo y fuerte.[89] Después vinieron María Teresa, Silvia, Gracielita (que le decíamos así aunque no pudo recibir el bautismo pues nació muerta) y por último Pedro Pablo y tú, con quien terminé.[90]

Tengo que decirte que nosotras las hermanas seguíamos viviendo todas reunidas, pero en 1917, Mariano fabricó la finca Santa Teresa para pasar allí los veranos.[91] El primer verano fuimos huyéndole al sarampión que contrajo Pedrito y quien te dice que le da a Enriquito, entonces de quince meses. Yo no tenía entonces más que a Beba y a él y no puedes imaginar las vicisitudes que pasé en la finca. La cantidad de moscas y mosquitos era fantástica. No había puesto Mariano la tela metálica y la casa no era de doble forro, como es ahora. La madera se ponía que era un horno y cuando no, llovía a cántaros. Los rayos parecían que acababan con la casa. En fin, que no olvidaré nunca esos dos meses.

El tiempo fue pasando y los niños creciendo. Cuando Beba cumplió seis años fue al Colegio de las Dominicas Americanas y a los siete fue Enrique a La Salle.[92] Ustedes

---

[89] Enrique se bautizó Enrique José Pedro.

[90] Los nombres completos de los últimos cuatro hijos son María Teresa Raimunda, Silvia María Josefa, Pedro Pablo Enrique y Josefina Fabiola Ignacia Ramona.

[91] Se refiere a las tres hermanas Hernández Castells: Teté (Teresa), María Josefa y ella (Magdalena).

[92] Se refiere al colegio de monjas dominicas en la calle Quinta del Vedado, American Dominican Academy. El Colegio San Juan Bautista de La Salle del Vedado fue fundado por la Congregación de los Hermanos de las Escuelas Cristianas que llegaron a La Habana en septiembre de 1905.

fueron a las Dominicas hasta graduarse de *high school* y Enrique y Pedro de bachiller en La Salle.

Pasé épocas buenas, regulares y francamente malas. Cuando Beba nació, fue la Primera Guerra Mundial, que duró del 14 al 18. Hubo grandes ganancias, época conocida como la de las vacas gordas, que duró hasta 1919. Después vinieron las flacas pero se podía vivir. Había paz y aquí en Cuba gobernaba Mario García Menocal.[93] Después de Menocal subió a la presidencia Alfredo Zayas y de vice el general Francisco Carrillo, o sea Pancho Carrillo, como le decíamos familiarmente.[94] Él era hermano de Justo y tenía muchas simpatías por nosotros. Nosotros fuimos a la toma de posesión de Pancho, que fue en el Senado. De allí nos fuimos para Palacio a presenciar la de Alfredo Zayas y la salida del Palacio de Mario García Menocal y su señora Mariana Seva. Al otro día hubo un té en Palacio, al que también asistimos. Ya yo en la época de Estrada Palma había asistido a dos bailes, pero fueron en el famoso salón rojo del antiguo Palacio de los Capitanes Generales Españoles que hoy es el Ayuntamiento.[95] También ya casada fui a otro baile siendo presidente Menocal. Pasados todos los festejos de la subida de Zayas, el general Carrillo se mudó para El Vedado e iba muy a menudo por casa y hasta a cenar. Nos contaba anécdotas de su vida de campaña y nos hablaba mucho del gene-

---

[93] Mario García Menocal (1866-1941) fue presidente de Cuba de 1913 a 1921.

[94] Alfredo Zayas (1861-1934), abogado y escritor, fue presidente de Cuba de 1921 a 1925.

[95] Tomás Estrada Palma (1835-1908) fue el primer presidente de Cuba. El antiguo Palacio de los Capitanes Generales Españoles se inauguró en 1792.

ral Máximo Gómez, de quien era gran admirador. Ya en este año se han cumplido cien años del nacimiento del general Carrillo.[96]

En el año 1923 nació muerta mi hija Graciela y en octubre de ese mismo año murió Mamá, en la finca Santa Teresa en Rancho Boyeros.[97] Después de su muerte se mudaron tus tías Teté y María y me quedé yo en la casa que heredé. Hicimos muchas transformaciones, como hacer el baño intercalado que hoy existe, y pintamos toda la casa. También cambié la puerta de la sala, pues la otra era muy fea. De esto hace veintisiete años.

Cuando tú tenías dos años y Pedro cuatro, vendieron tu padre y sus dos socios las plantas eléctricas a la Compañía Cubana de Electricidad y entonces decidimos dar un viajecito de dos meses a Europa. Fuimos Beba, Enrique, Teresa, Silvia de siete años, tu padre y yo: nos decían la *petite* caravana. Salimos el 30 de junio en el vapor francés *Lafayette*. Era una peregrinación que iba a Roma y la presidía el hoy cardenal Arteaga, entonces monseñor.[98] Tuvimos una espléndida travesía, pero con el contratiempo que los muchachos se enfermaran con gripe. Al llegar a La Coruña, primera escala que hacía el barco, ya estaban bien. Así y todo, no quisimos que desembarcaran. Sigilosamente nos arreglamos Enrique y yo para desembarcar y ahí fue la primera contra-

---

[96] Francisco Carrillo Morales (1851-1926) nació el 4 de octubre de 1851 en San Juan de los Remedios, Las Villas.

[97] Rancho Boyeros se encuentra a unos veinte kilómetros del Vedado, La Habana.

[98] Manuel Arteaga Betancourt (1879-1963) fue nombrado monseñor en 1926 por el papa Pío XI. El Papa Pío XII lo nombró arzobispo de La Habana en 1941 y cardenal en 1946.

riedad: no podíamos desembarcar hasta que no viniera la sanidad española. Al fin llegamos a La Coruña, bonita y limpia población, pero nos sorprendió ver a las mujeres cargando baúles mundos mientras los hombres estaban sentados jugando a las cartas. Después, al ir al banco a cambiar nuestros pesos por pesetas, encontramos que no abrían hasta las diez de la mañana y así sucesivamente nos pasó con la farmacia y otros lugares. Me dio motivo para bromear con tu padre que siempre decía que no tenía más que un diez por ciento de cubano, queriendo decir con esto que era muy trabajador. Pues aquí en Cuba tenían fama los españoles, principalmente los gallegos, de ser muy trabajadores y los cubanos muy indolentes.

Regresamos al barco para por la tarde de ese mismo día ir a Gijón y al otro día a Santander. Dos días después desembarcamos en el puerto francés de El Havre. Nos alojamos en un hotel de nombre Normandie y después salimos a conocer la población que era entonces muy buena. Eso fue después de la Primera Guerra Mundial. A la mañana siguiente salimos a conocer las famosas playas del norte de Francia: Trouville, Deauville y Cabourg. Aquí en esta última compré yo el plato que está en el comedor. Al otro día a Lisieux, donde está el Convento del Carmelo en el que profesó Santa Teresita.[99] Aún estaban dos hermanas de ella, pues la Santa había ya fallecido a los veinticuatro años en 1897. Después de estar tres días allí y de visitar la casa donde viviera ella, que es una especie de museo, salimos para Tours donde tuvimos un almuerzo delicioso. Visitamos el castillo de Loches, donde residió el rey Luis XI, que fue rey de Francia

---

[99] Marie Françoise Thérèse Martin (1873-97) fue una monja carmelita descalza francesa. Fue canonizada Santa Teresa de Lisieux en 1925 por el papa Pío XI y proclamada Doctora de la Iglesia en 1997 por el papa Juan Pablo II.

desde 1461 hasta 1483. Vimos la jaula en que encerró a su ministro el cardenal La Balue, que lo había traicionado con el duque de Borgoña.[100] Ese fue el primero de los famosos castillos del Loire que visitamos y los cuales fueron habitados por reyes. Loches fue interesantísimo para mí, que me encanta todo lo antiguo. Allí en la capilla del castillo, un señor cubano que era organista de la Iglesia de Dolores en Santiago de Cuba tocó el Himno de Bayamo como un homenaje a nuestra patria lejana pero querida siempre.[101]

Del castillo de Loches fuimos al de Amboise, donde se dice está enterrado Leonardo da Vinci y luego al de Chenonceaux, lindísimo y propiedad del francés Menier, famoso fabricante de chocolate, el Chocolat Menier. También fue propiedad de un cubano, José Emilio Terry. Después de éste fuimos al de Saint Germain, donde nació Luis XIV, el Rey Sol, en 1638, pero no pudimos verlo. El último fue Blois, famoso por haber sido muerto allí el duque de Guisa el 23 de diciembre de 1588 por orden del último de los Valois, que gobernó Francia, Enrique III, que reinó de 1574 a 1589. También es famoso por haber residido allí María Stuart, reina de Francia de 1559 a 1560, casada con Francisco II, que sucedió a su padre Enrique II en julio de 1559 y murió el 5 de diciembre de 1560. El castillo está lleno de recuerdos y es muy interesante. Después ya seguimos para París, la cual estaba yo loca por conocer.

París me encantó y es la capital que más me gustó. Estuvimos allí ocho días que aprovechamos muy bien. Fuimos a Versailles, palacio del rey Luis XIV, y al Grande Trianón y el Pequeño Trianón. Vimos Fontainbleau, la Torre

---

[100] Luego se ha cuestionado la veracidad de que fuera encerrado en esa jaula.

[101] Se refiere al himno nacional de la República de Cuba.

Eiffel, el Panteón, el Arco de Triunfo, la Iglesia de la Magdalena, Notre Dame y el Sagrado Corazón de Montmartre. En el precioso edificio de la Ópera vimos la ópera *Fausto*.[102] También vimos las Folies Bergères y en Palacio a una cupletista española, la Raquel Meller que hacía furor entonces y nos encantó.[103] Fuimos a los grandes almacenes como el Louvre, Bon Marché, la Samaritane y otros. Desde el hotel donde estábamos se veía el Arco de Triunfo. Era una vista espléndida. Por fin, al noveno día salimos para Venecia en tren. Valía la pena hacer ese viaje por sus incomparables vistas. Atravesamos el simplón por su famoso túnel y pasamos la noche en el tren, pues el viaje duró veintidós horas. Nos repartimos en esta forma: Enrique y Enriquito en una litera, Beba y Teresa en otra, Silvia y yo en otra. Como ella era chiquitica, cogió la baja y yo arriba. Dormí profundamente hasta que nos despertó un soldado alpino preguntando si llevábamos cigarrillos. Era que ya habíamos dejado Francia.

Llegamos a Venecia por la mañana y al fin mi sueño de conocer la bellísima Venecia se convirtió en realidad. El hotel estaba en el Gran Canal y frente a la Iglesia de la Salud. Después de descansar, salimos a pasear en góndola y a conocer los distintos edificios notables. Luego, después de almuerzo visitamos San Marcos y su plaza llena de palomas. Quiera Dios que algún día puedas, Josefina, conocer todas estas bellezas. Yo te garantizo que fue uno de los placeres más grandes de mi vida este viaje. Lo único que no pudo ser fue el no tenerte a ti ni a Pedro con nosotros que, por ser tan

---

[102] *Fausto*, ópera en cinco actos, se estrenó en París en 1859.

[103] La española Raquel Meller, Francisca Marqués López (1888-1962), fue una cantante, cupletista y actriz de cine con fama internacional.

chiquiticos, se quedaron con Teté y Mariano. A ellos también les agradezco mucho el haber consentido en tenerlos con ellos durante nuestra ausencia. Después de Venecia, fuimos a Florencia, Roma y Nápoles. Pasamos por Pisa y logramos ver su famosa torre inclinada desde el tren. Seguimos para Génova, la Riviera y por último otra vez en Francia, visitamos Niza, Marsella y Lourdes, la incomparable. Después nos separamos del grupo de peregrinos para ir a Barcelona, donde aún Enrique tenía tíos y era la patria de su madre, Enriqueta Claret y Llópis.[104]

En Barcelona nos hospedamos en el Hotel Oriente en la Rambla, que son paseos como aquí el Prado. Allí conocimos a los tíos Pujals de Enrique, Benito (hoy ya fallecido) y Olalla (Eulalia). Benito era catalán y quería demostrarnos que Barcelona era tan buena como la que más.[105] Nos llevó a ver la catedral famosa por su custodia y por su Capilla del Cristo de Lepanto que es, al menos así dicen, el que llevaba don Juan de Austria, hijo natural de Carlos V y de Barbara

---

[104] La madre de Enrique Pujals y Claret, Enriqueta Claret y Llópis, nació en Barcelona el 1 de abril de 1854 y falleció en La Habana el 3 de junio de 1941. Se casó con José Antonio Tomás Pujals y Russell (1844-1910). El matrimonio tuvo nueve hijos: Isabel (1875-77), Teresa Nemesia (1876-92), José Sebastián Gil (1878-1959), Dolores (1880-1881), Cristina María Rosa (1882-1940), Enrique José Gonzalo (1884-1959), Francisco (1886-1958), Aurora (1887-93) y Adela Mercedes Micaela (1894-1965).

[105] Francisco Pujals y Moré se casó con su prima Teresa Russell y Moré. Este matrimonio tuvo ocho hijos: José Antonio Tomás, Teresa, Antonio, Francisco, Rosa, Gertrudis, Benito y Eulalia. Los seis primeros nacieron en Cuba y los últimos dos en Barcelona. De todos estos hijos el único que se quedó en La Habana, cuando la familia volvió a España, fue el mayor: José Antonio Tomás, casado ya con Enriqueta Claret y Llópis, natural asimismo de Cataluña.

Blomberg, en la batalla de ese nombre que ocurrió el 7 de octubre de 1571. Al derrotar a los turcos, evitó el grave peligro de que Europa cayera en manos de Turquía. También vimos los claustros y la tumba de Santa Eulalia, patrona de Barcelona, mártir durante la feroz persecución religiosa decretada por el emperador Diocleciano en Hispania en el año 304. Otro día fuimos a Villanueva y a la Geltrú, donde estaba Olalla de veraneo, pues es una playa. El marido de Olalla se llamaba Ferrer y era una buena persona. Vivían en la antigua casa de la familia Ferrer y además de ellos estaban dos hermanas de él casadas y sin hijos, que me sorprendió estuvieran calzadas con alpargatas.

Allí en Villanueva vivía tu abuela Enriqueta. La conoció Pujals cuando era estudiante de ingeniería y se enamoró de ella. En esa playa, un día de verano salió Pujals con dos amigos más a dar un paseo en bote, cuando de repente cambió el viento y se desencadenó una tormenta de verano que amenazaba con hundir el bote. Entonces, tu abuelo se encomendó al santo del día prometiendo hacer una limosna si se salvaban. Efectivamente, se despejó el tiempo y pudieron llegar a la villa. Resultó que era un 24 de julio y el santo principal de ese día era Santa Cristina.

Volviendo a mi historia, después otro día fuimos al Tibidabo, a visitar el Ayuntamiento y al Museo, que es pequeño. Vimos un cuadro famoso del pintor catalán Fortuny que se titulaba la *Vicaría*.[106] También fuimos a una corrida de toros en la Plaza Monumental. Yo nunca había asistido a una corrida y me gustó: es emocionante. Después, otro día cogimos el tren para Bilbao y de allí a Limpias a reunirnos otra vez con la peregrinación que salía para San-

---

[106] Marià (Mariano) Fortuny (1838-74) fue pintor, fotógrafo, diseñador e inventor.

tander. De allí tomamos el vapor *Cuba* que nos trajo otra vez a mi querida Cuba.

Ya cuando Beba tenía trece años empezaba a presumir. Íbamos al cine, a fiestas y al basquetbol, que era la moda, especialmente a los juegos entre Belén y La Salle. Estaban de moda los juegos de basquetbol y ellas no se perdían uno. Ya cuando Beba empezó a salir, íbamos mucho al cine, principalmente a Trianón.[107] También íbamos a El Encanto, que se inauguró entonces.[108] Ella se convirtió en una linda jovencita y Teresa también empezó a espigarse y tenía buena figura, lindos ojos y un pelo ondeado. Yo tenía que compartir el tiempo entre Pedro y Josefina, que eran chiquiticos y ellas, a quienes tenía que chaperonear. Así pasaba el tiempo entre el cuidado de ustedes y los paseos a que tenía que llevar a Beba. En eso, un día Beba fue al santo de una amiga y allí conoció a Roberto. Ella tenía catorce y él dieciocho. Se gustaron y se hicieron noviecitos.

En esto empezó el Machadato: la Universidad cerró y lo mismo el Instituto.[109] Entonces mandaron a Roberto a estudiar a París en la Universidad de París, que es la universidad francesa. Beba estaba muy triste. Ella seguía su curso de *high school* en las Dominicas Americanas, de donde se graduó a los diecisiete años. Beba, como Roberto se fue a París a terminar su carrera, no salía tanto, pero empezó

---

[107] El cine Trianón, en la calle Línea en El Vedado, se inauguró en 1920.

[108] El Encanto, una tienda por departamentos, se destacó por novedosas prácticas comerciales y la exclusividad de ropa por diseñadores de fama mundial.

[109] El «Machadato», 1925-33, fue la etapa del gobierno del general Gerardo Machado y Morales (1871-1939). Véase Justo Carrillo, *Cuba 1933: Estudiantes, yanquis y soldados*.

Teresa a pepillear, como se decía entonces, y más adelante Silvia. Yo iba con ellas a la playa, al Tennis y a todas las fiestecitas a que las invitaban.[110]

Los tiempos eran malos: los revolucionarios querían quitar a Machado y las bombas se multiplicaban. Era expuesto salir y un día, estando yo de compras en El Encanto estalló una bomba que causó la muerte de la que la puso, la señorita Lily de la Moneda. Al fin cayó Machado y hubo el júbilo consiguiente, pero también muchos abusos. Saquearon las casas de las principales figuras de la política, entre otras la de Carlos Miguel de Céspedes, que es hoy la Iglesia del Corpus Christi.[111] En la esquina de Quinta y F, donde vivía Consuegra, mayordomo de Palacio, hasta el Frigidaire lo arrastraron por las calles y todo lo que tenía en la despensa. Por casa pasaba el populacho con las cosas robadas. Pasaron los días trágicos del Machadato y volvió la calma. Beba seguía sus relaciones con Roberto, el cual venía en los veranos hasta que ya terminados sus estudios regresó definitivamente. Teresa salía mucho y tenía muchas amigas, lo mismo Silvia, que adquirió muchas amigas.

Me olvidé contarte que cuando Beba cumplió los quince años, le dimos una fiesta por la tarde de cinco a nueve, que era como se usaba entonces para las jovencitas. Quedó muy buena y animada. Después, cuando Teresa los cumplió, no pudimos dársela tan buena, pero también tuvo su recibo y compramos un radio, el primero que tuvimos. Cuando le

---

[110] El Vedado Tennis Club se inauguró en 1902.

[111] Carlos Miguel de Céspedes (1881-1955) fue Secretario de Obras Públicas, Secretario de Justicia y Secretario de Instrucción Pública y Bellas Artes durante el Machadato, la presidencia de Gerardo Machado y Morales.

llegó su turno a Silvia, también tuvo la suya, pero como era el fin de año, ésa sí fue por la noche.

En 1935 se murió Teté después de sufrir bastante, pues tuvo que mudarse de la casa que Mariano le había fabricado en Calzada entre Paseo y A, donde se bautizaron Pedro Pablo y tú en la capilla que ella había querido tener en su casa. La mala administración dio al traste con su sólida fortuna y perdieron la casa. Se fueron a vivir a una casa alquilada pagada por mi hermana María, y yo también contribuía algo. La casa estaba situada en la calle 25 y 28, en ese tiempo casi deshabitada esa parte del Vedado.

Ese mismo año se graduó Teresa en las Dominicas Americanas y ya, con Roberto aquí, teníamos más alegría. Teresa tenía muchas amigas y amigos y se divertía bastante. Tú ya empezaste a ir al Colegio de las Dominicas, pues primero fuiste al de las Hughet, donde te enseñaron a leer y también hiciste la Primera Comunión.[112] En el verano del 36, Teresa se fue a pasar dos meses a Miami con Odette Posso y su mamá. Allí conoció a Freddie.[113] Cuando regresó, ya venía medio enamoriscada y el 15 de octubre, día de su santo, se comprometió oficialmente.

En agosto del año 37 se casaron Beba y Roberto en la Parroquia del Vedado a las nueve y media de la noche, como

---

[112] La Eucaristía es uno de los sacramentos de la Iglesia Católica, la Comunión. «*Eucaristía* porque es acción de gracias a Dios ... *Comunión* porque por este sacramento nos unimos a Cristo que nos hace partícipes de su Cuerpo y de su Sangre para formar un solo cuerpo (*Catecismo de la Iglesia Católica*, 1328, 1331). La Primera Comunión es la primera vez que se recibe el sacramento.

[113] Conoció a Manuel Federico Goudie y de Monteverde.

era la moda entonces.[114] Fueron a pasar la luna de miel a una finquita en Los Pinos y al regreso se instalaron en casa de Cuca y Gonzalito Pedroso en la calle B en El Vedado. La boda de Beba quedó muy bonita y ella lucía muy bien con su traje de estilo de raso tabla adornado con legítimos encajes de Inglaterra, como era también el velo de encaje de Inglaterra, propiedad de Guillermina Zaldo. Con esos encajes se han casado muchas novias de la familia Zaldo, siendo confeccionado por la modista francesa Marie Tentou. Beba tenía el día de su boda veintidós años y ocho meses y llevó ocho años de noviazgo. En el 38 se graduó Sylvia en las Dominicas Americanas y al otro día la pidió Luis, es decir, sus padres Ángelica Cosculluela y Leandro Goicoechea.[115] Tuvo muchas flores, pues entonces no estaba de moda pedir cubiertos de plata, lo cual es una costumbre muy práctica.

Tú ibas creciendo y Enrique se graduó al fin de bachiller. Tuvo la desgracia de que lo cogieran los días del Machadato y tanto la Universidad como el Instituto suspendieron sus actividades. Por último, se graduó de Doctor en Derecho.

En el año 1938 dimos un viaje a Miami, que empezaba a ponerse de moda. Como ni Pedro ni tú habían viajado nunca por mar ni por avión, nos fuimos a pasar la Semana Santa a Miami: Sylvia, Pedro, tú y yo. En el viaje ustedes se marearon mucho. Nos hospedamos en la misma Miami City, en un hotelito que se llamaba Cortez. Nos pasamos cinco días y aprovechamos un día para ir a la playa de Palm Beach. Fuimos en máquina con las Mora, pues hicimos esa

---

[114] María Magdalena Pujals y Hernández se casó con el doctor Roberto Pedroso y Sánchez Villalba.

[115] Silvia empezó a escribir su nombre Sylvia durante sus estudios de *high school* en las Dominicas Americanas.

amistad en el viaje. Pedro se aburrió mucho en la máquina ese día y se ponía muy majadero, lo que fue motivo para que yo le diera sus pellizquitos de cuando en cuando. Al fin regresamos de Miami muy contentos y llenos de compras. Dos años más tarde volvieron ustedes, pero sin Pedro y sin mí. Fueron Teresa, Sylvia y tú en el vapor *Evangelina*. Tu pasaje costó solamente siete pesos. También en ese viaje fueron Ana María y Lila Oliva, novia en esa época de Justico. El barco iba repleto, pues el gobierno lo había contratado para hacer esa excursión y por eso los pasajes eran tan baratos. Iba tan lleno que no cabía ni un alfiler. También en este viaje se marearon terriblemente.

En 1941, el 10 de septiembre a las seis y media de la tarde se casó Teresa, también en la Parroquia del Vedado.[116] Fue una boda muy sencilla pues hacía poco había muerto Enriqueta tu abuela, que murió en junio de ese mismo año a los ochenta y siete años de edad. Freddie y Teresa se fueron a pasar la luna de miel a una finquita de Enrique Merry que se llama Villa Sirena. Allí estuvieron como una semana y después fueron a vivir al Cerro en casa de Lily Goudie. A los siete meses de casada Teresa, se casó Sylvia el día 12 de abril de 1942.[117] Se casaron en la Capilla de La Salle con misa de velaciones a las once de la mañana. Su vestido de jersey blanco fue confeccionado en El Encanto y lucía muy linda. Después de la boda tuvieron un almuerzo en casa al que no asistieron más que la familia de Luis y nosotros: es decir, Papá, Mamá, Beba y Roberto, Teresa y Freddie, Enrique, Pedro y tú. Pero a tu papá se le ocurrió decirles a Ireni-

---

[116] Teresa Pujals y Hernández se casó con Manuel Federico Goudie y de Monteverde.

[117] Sylvia Pujals y Hernández se casó con Luis Emilio Antonio Benito de Goicoechea y Cosculluela.

ta, Ildara y Pura que fueran y ellas no se hicieron rogar. Pasé mucha pena de mi parte porque yo no les había dicho nada a María ni a mis sobrinos, que eran los más allegados. Sylvia y Luis fueron a pasar la luna de miel a Varadero. Ellos se fueron a vivir con el padre de Luis a la calle H y después, con los años, a la finca Santa Teresa que fue de Mariano y Teté, donde viven actualmente.

Por cierto, que días antes de la boda de Sylvia, pasé yo mil vicisitudes. Tú te habías ido a Varadero con Lourdes, Beba y Teresa. Me quedé sin chofer, que teníamos entonces, y teniendo que llevar a Sylvia a probarse la camisa de novia de encaje de Inglaterra, que era una maravilla. También me quedé sin cocinera y la criada tenía que hacer las veces de ella y yo las de la criada. No se hicieron invitaciones para la boda: un día me senté delante del teléfono y me puse a llamar. Solamente pude llamar a siete personas. Al fin aparecieron ustedes para asistir al almuerzo de despedida de soltera que fue en el Tennis Club y quedó muy animado.

En julio de ese año 1942 nació Alicia, mi tercer nieto, pues ya tenía a Elena y Roberto.[118] Después del nacimiento de Alicia, Teresa y Freddie vinieron a vivir con nosotros y aquí en Quinta nació también Freddie Arturo. Todos mis hijos nacieron en la calle Quinta, menos tú Josefina, que naciste en la Clínica de Bustamante. También todos han sido bautizados en la sala de casa, menos Pedro y tú, que lo fueron en la capilla de la casa de Teté y Mariano que poseyeron

---

[118] El matrimonio de María Magdalena (Beba) Pujals y Hernández con Roberto Pedroso y Sánchez Villalba tuvo cinco hijos: Elena, Roberto Ignacio, Silvia, María Antonia e Irene. El matrimonio de Teresa Pujals y Hernández con Manuel Federico Goudie y de Monteverde tuvo nueve hijos: Alicia Teresa, Federico Arturo, María Magdalena de los Ángeles, María Teresa, Enrique, Manuel, María de los Ángeles, Sofía de Fátima y Eduardo.

en la calle Calzada, número 92. También mis nietos Alicia, Freddie, Sylvia Patricia, María Luisa y Gloria han sido bautizados aquí en casa.[119]

---

[119] El matrimonio de Sylvia Pujals y Hernández con Luis de Goicoechea y Cosculluela tuvo cuatro hijos: Sylvia Patricia, María Luisa, Gloria María de los Ángeles y Luis Enrique.

VI

EL ANTEPASADO

Así van pasando los años y nos vamos yendo nosotros también. Casi todo lo que te he contado ha sido alegre. También debo contarte las épocas tristes. Después de la muerte de mi tío Miguel en 1893, pasamos largo tiempo sin desgracias familiares hasta que en 1907 fue a tío Anselmo al que le tocó dejar este mundo. Tío Anselmo, que era padrino mío de bautizo, fue una persona ejemplar. Se casó algo maduro con América Rabell, una beldad blanca, rubia y de buena figura. Todo lo reunía y él se casó loco por ella. A poco de casados y viviendo ellos en unos altos en la calle de Amistad, casa que amueblaron con lujo, fue a vivir con ellos la mamá de América. En el 1899 tuvo que hacerse cargo de una hermana de América que acababa de enviudar en España, adonde habían regresado porque el esposo era marino y cuando terminó la soberanía española de la Isla, tuvieron que irse todos los que ocupaban puestos militares y de la marina. Pues bien, tío Anselmo se llevó a vivir con ellos a su cuñada Adelfina Rabell y sus cuatro hijos. Ya antes tenía a Margarita Adot, hoy señora de Hidalgo Gato. Como no cabían en la casa de la calle de Amistad, se fueron a la de Egido. Además, también fue a vivir con ellos, pero por breve tiempo, otra sobrina de América llamada Eloísa Campuzano, que se casó con Manuel Lazo. Aquella casa era el paradero de todos los familiares de América. Así que, por un lado había gastos, y por otro, la mala administración de la botica El Amparo, situada en Empedrado y Aguilar, que compitió en un tiempo con la de Sarrá, Johnson y González Curquejo.

La farmacia El Amparo de La Habana en el Bulletin of Pharmacy, 1902

Cortesía de Ohio State University Library. *Bulletin of Pharmacy*, 1902.

Tío Anselmo ganó mucho dinero, viajó por Europa y los Estados Unidos, comía espléndidamente y se vestía igual. Antes de su matrimonio, él vivía en una casa que pagaban entre varios amigos y tenían un gran cocinero. Pues, a él le gustaba comer bien pero no era goloso: era un *gourmet,* aunque no un *gourmand*, como dicen los franceses. También en cuestión de vinos era muy experto. Una vez estuvo por Europa con su primo Agustín Cortada y Castells, que era gran pianista.[120] Éste tocó delante de un príncipe alemán que lo condecoró. Tío Anselmo era licenciado en Farmacia y también estudió medicina, aunque no llegó nunca a graduarse. Tenía varios preparados muy buenos, pero el más famoso fue la Emulsión de Castells.[121] Era una persona dignísima.

Cuando nosotros nos mudamos a la casa de la calle Quinta en el año 1891, yo tenía seis años y la calle Quinta y Calzada eran únicamente las más pobladas. En la calle Tercera existían algunas casas y en la calle Primera nada más que arrecifes. Por cierto, que uno de los entretenimientos era ir a coger caracoles. En casa, a cada rato aparecían cangrejos y macaos. En las noches de los inviernos se oía bramar el

---

[120] Los hermanos Anselmo y Miguel Castells y el primo Agustín Cortada, hijo de Paulina Castells, fueron alumnos fundadores del Colegio de Belén de la Compañía de Jesús que se fundó en La Habana en 1854. Miguel terminó en 1860 y Anselmo y Agustín en 1861.

[121] En el *Bulletin of Pharmacy, Vol. XVI, January to December 1902*, se encuentra una fotografía de la farmacia con la descripción «A Cuban Pharmacy – the engraving shows the large and successful store of Dr. Anselmo Castells, formerly A. Castells & Co., of Havana. It is one of the oldest and best establishments on the Island of Cuba. Dr. Castells is prominent in the business and professional life of Havana, and enjoys a well-deserved reputation as a pharmacist of uprightness and thorough competency».

mar. Papá acostumbraba cerrar a las diez de la noche y todo el mundo se iba a la cama. Ya últimamente, se iba a dormir él y nosotros nos quedábamos conversando un rato de los escasos acontecimientos del día. No había cines y eran contadas las familias que tenían teléfono. Para que veas, haciendo bueno el refrán de «matrimonio y mortaja del cielo bajan», así se puede decir que le pasó a tu tía María. Ya vez, hizo una boda bastante brillante.

Yo salí más que mis hermanas, pues ya en mi época empezó el cine. Se inauguró el cine Olimpic, que es el cine más antiguo, y luego Trianón en 1920 y todos los otros. Había uno en Calzada, donde está actualmente la casa de tu tía María, adonde íbamos mucho. En el cine mudo eran famosas Theda Bara, Norma Talmadge, una artista italiana, Francesca Bertini, y tantas otras que no recuerdo.[122] Una que me gustaba mucho era la Menichelli.[123] Me parecía buena actriz y era lindísima.

Me olvidé contarte la venida a Cuba de la infanta Eulalia de Borbón, tía del entonces rey niño, Alfonso XIII.[124]

---

[122] Theda Bara, Theodosia Goodman (1885-1955), fue una actriz que ganó gran fama con el cine mudo. Hizo películas entre 1908 y 1926. Norma Talmadge (1894-1957), fue una gran actriz y estrella del cine mudo desde 1910. Con su esposo, Joseph M. Schenck, fundó la Norma Talmadge Film Corporation y logró acumular una gran fortuna. Francesca Bertini, Elena Seracine Vitiello (1892-1985), fue una actriz italiana de gran renombre que se dio a conocer en 1907 con el cine mudo y se destacó por su belleza y elegancia. En 1921 se casó con el banquero Cartier.

[123] Pina Menichelli, Giuseppa Iolanda Menichelli (1890-1984), fue una gran actriz del cine mudo entre 1916 y 1924.

[124] María Eulalia de Borbón (1864-1958) fue la hija menor de Isabel II de España. Se llegó a conocer como la «princesa andante», por sus

Casualmente encontré un recorte donde se habla de su venida a La Habana y la incluyo aquí. Está montada a caballo tal como la vi yo en la parada militar. Por cierto, que esa parada militar la vi yo en el antiguo Centro Gallego que estaba entonces frente a donde está hoy el *Diario de la Marina*.[125] Fuimos invitadas por un amigo de Papá que se llamaba Casimiro Lama. Era gallego y socio del Centro. Este señor era el bisabuelo de la muchacha Valle que tú conoces. Pues, la infanta Eulalia de Borbón vino a nuestra patria en mayo de 1893 acompañada de su esposo Antonio de Orléans y Borbón, duque de Galliera. Luego siguieron a Chicago, donde se celebraba una exposición universal. El objeto de la visita fue conmemorar los cuatrocientos años del descubrimiento de América por Cristóbal Colón, y tuvieron lugar distintos festejos tales como procesiones cívicas. Yo vi a la Infanta cruzando por el Parque Central en un carruaje que le decían *landó*, del francés *landeau*.[126] Iba vestida de lila color fuerte, que entonces le decían color heliotropo. Llevaba un sombrerito todo de violetas y como era un día de sol, una sombrilla blanca con encajes. Ella era rubia de un rubio rojizo y sonrosada, así que lucía bonita. Tenía treinta años entonces, con una figura muy gentil. Iba con su esposo de uniforme y el alcalde entonces de La Habana, Luis G. Coru-

---

viajes por Europa y las Américas.

[125] El Centro Gallego de La Habana se fundó en 1880 y la infanta Eulalia visitó La Habana en mayo de 1893. En 1914 se edificaría el majestuoso edificio del Centro Gallego de La Habana.

[126] El carruaje *landó* (español), *landau* (inglés) o *landeau* (francés), cuyo nombre procede de la ciudad de Landau en Baviera, es un carruaje convertible de mayor lujo.

gedo y un ayudante.[127] A los pocos días la volví a ver y ese día iba de amazona, con un traje negro, muy ajustado el talle con saya larga y ancha, como entonces se ponían las damas para montar a caballo. También se usaba con ese traje un sombrero de copa parecido a los que usaban los hombres para ceremonias. Tenían que hacer milagros de equilibrio las señoras, porque se sentaban de lado; no como ahora que van horcajadas. Y luego con aquel traje tan largo, sombrero, guantes y látigo; ya te puedes imaginar. Te diré que no faltamos a ningún acto público de la celebración de los cuatrocientos años del descubrimiento de América por Cristóbal Colón. Íbamos Papá, María y yo. Pues, como hacía poco había muerto Concha, Mamá no salía y Teté se quedaba con ella. Las procesiones de día las fuimos a ver a un almacén de víveres situado en la calle de O'Reilly, donde trabajaba un señor isleño que se llamaba don Domingo Medina.[128] Éste estaba casado con una dama venezolana llamada Conchita Zaldarriaga. Se hicieron grandes amigos nuestros. Allí en ese almacén vimos pasar las carrozas y me acuerdo que una era Colón ante los Reyes Católicos. Por el día fueron las históricas y por las noches eran industriales, es decir, representando las industrias de Cuba. Salieron un ingenio, tabaquerías y todas las pocas industrias que había en Cuba en esa época.[129] La impresión que tuve yo de la Infanta fue tan grande que no la he olvidado. Recuerdo que íbamos después a coger la maquinita al Prado, donde empie-

---

[127]Luis García Corugedo fue Alcalde Primero, Alcalde Presidente del Ayuntamiento por sustitución.

[128] El señor era de las islas Canarias.

[129] Véase Hugh Thomas, *Cuba or the Pursuit of Freedom*. «The Sugar Crisis of the 1880's».

za el Malecón hoy día. Había allí un café que se llamaba El Tiburón, donde ponían polcas y servían helados; entonces solamente se vendían de fresa y mantecado. Después de las procesiones se reunían allí todas las familias que venían para El Vedado.

Los inviernos eran muy tristes, pues en el verano daban animación los baños de mar y también venía mucho a vernos Tiíta con Ildara, la hija que pasó grandes temporadas con nosotros. Aunque ella era mayor que yo por cuatro años, nos llevábamos muy bien y salíamos ella y yo escapadas de correría. Luego, al llegar aquí nos esperaba un gran regaño. Pero siempre que podíamos, repetíamos la escapada.

Después de casarme salía poco: solamente cuando venía una celebridad, como fue Sarah Bernhardt, que en el ocaso de su gloria volvió a Cuba.[130] Ya ella había estado aquí en 1887, en el apogeo de su carrera. Cuando volvió en 1918, yo quise verla y la que vi fue una anciana que solamente podía representar actos de algunas de sus obras famosas como *El Aguilucho* (*L'Aiglon*), que fue donde yo la vi. Es la dramática historia del hijo de Napoleón I y de María Luisa de Austria. Nacido el 20 de marzo de 1811 en medio de la mayor pompa y felicidad, tuvo un final trágico muriendo en Viena en 1832 a los veintiún años de edad, prisionero de su abuelo, el emperador Francisco II, y víctima de la tuberculosis. También oí a Titta Ruffo, famoso barítono.[131] Vino a La Habana el gran tenor italiano Enrico Caruso, pero no pude

---

[130] Sarah Bernhardt, Rosine Bernardt (1844-1923), fue una famosa actriz francesa.

[131] Titta Ruffo, Ruffo Titta Cafiero (1877-1953), fue un gran barítono italiano de fama internacional.

oírlo.¹³² Una artista que nunca olvidaré fue la Pavlova, la famosa bailarina rusa en *Giselle*, en *La muñeca maravillosa* y en *Los siete hijos del rey Duende*.¹³³ Su arte la hizo inolvidable. Yo creo que ha sido la mejor de todos los tiempos.

Fueron buenos tiempos, aunque el dinero escaseaba, pues después del Machadato hubo una crisis económica terrible hasta que empezó la Segunda Guerra Mundial en 1939. Entonces, el azúcar empezó a subir y la situación a mejorar, pero no para nosotros, que seguíamos endeudados hasta que al fin empezamos a mejorar con la venta del solar de San Lázaro en 1946 y volvimos a comprar máquina. Tengo que decirte que, a pesar de los apuros de dinero que tuvimos, ustedes todas se graduaron en el colegio y Enrique y Pedro terminaron sus carreras, máximo esfuerzo. Y tus tres hermanas tuvieron sus ajuares de novias, modestos, pero los tuvieron. Las hice socias del Lyceum y allí daban clases de francés y perfeccionaban el inglés que aprendieron en las Dominicas Americanas.¹³⁴ También allí daban clases de baile, de encaje y otras manualidades.

De la casa tan alegre antes, se va quedando vacía y solitaria. Actualmente somos tres y eso que este año, con la

---

¹³² Enrico Caruso, Errico Caruso (1873-1921), fue un gran tenor italiano de fama internacional. Realizó grabaciones de sus canciones y ganó millones de dólares por sus discos.

¹³³ Anna Pavlova (1881-1931) fue una famosa bailarina de *ballet* rusa. Su baile más famoso fue *La muerte del cisne*, arreglado para ella por Michel Fokine. Formó su propia compañía en 1910 y realizó una gira de cinco años por las Américas.

¹³⁴ El Lyceum, asociación femenina de índole cultural y social, similar a otras en ciudades europeas, fue fundada por catorce mujeres en La Habana el primero de diciembre de 1928 y se inauguró el 22 de febrero de 1929.

venida de Enrique de vacaciones, ha habido más diversión.[135] Todas estas cosas tú las sabes de sobra y el objeto de escribir estos recuerdos era contarte cosas viejas que tú no sabías y creo que he cumplido.

Mis tíos fueron tíos Anselmo y Miguel y Tiíta, la mamá de Irenita y los otros. Tío Miguel murió joven en casa y Tiíta murió cuando tú tenías dos meses de nacida. Ella se casó con Laureano Rodríguez, español muy inteligente y buena persona, que en 1898, en la época de la Autonomía, desempeñó el cargo de Ministro de Agricultura.[136] Esos son mis parientes por parte de madre y por parte de padre no conocí a ninguno. Papá emigró muy jovencito y su madre, que se llamaba Teresa de Armas, murió muy joven. Su padre, Vicente Hernández, vino a Cuba y volvió a casarse. Pero, Papá se disgustó con él y no lo trató más.

Nuestra familia era corta. Aunque nosotros fuimos siete, nos quedamos reducidos a nosotras tres, Teté, María y yo. Mi padre se llamaba Pedro Nicolás Hernández y de Armas y Mamá, Magdalena Castells y Berry. Él era natural de La Orotava en Santa Cruz de Tenerife, Islas Canarias. Los padres de Papá se llamaban Vicente y Teresa y la abuela de él, a quien nombraba mucho, le decía mi abuela, pero no decía su nombre. En cuanto al abuelo, nunca le oí hablar de él. Los padres de Mamá eran Ramón Castells y Magdalena

---

[135] Los que residían en la casa de la calle Quinta eran ella, su esposo Enrique Pujals y Josefina, la hija menor. A los dos años, en 1952, Josefina Pujals y Hernández se casó con Juan Mariano Mora y de la Portilla y residieron en la casa de la calle Quinta. Este matrimonio tuvo una hija, María Rosa. Enrique Pujals y Hernández fue cónsul de Cuba en Estados Unidos.

[136] «...and Laureano Rodríguez, a prominent merchant, Secretary for Agriculture, also a *Reformista*» (Thomas 357).

Berry y mis bisabuelos maternos, Francisca Guerrero y Juan Berry. De los padres de mi abuelo Ramón Castells, no sé los nombres.

Los padres de tu padre eran Enriqueta Claret y Llópis y José Pujals y Russell. El padre de tu abuelo era médico y tuvo varios hijos que se llamaron Francisco (que se radicó en la Argentina), Antonio, Benito y tu abuelo. Tuvo cuarto hijas que fueron Gertrudis, Teresa, Rosa y Olalla, a la que conocí en Barcelona cuando también conocí a Benito. Como también quieres saber el parentesco con San Antonio María Claret, te diré lo que oí un día de tu abuela Enriqueta, que fue lo siguiente. Él fue primo carnal del padre de Enriqueta Claret, o sea primo segundo de ella y tercero de tu padre. Cuando a él lo nombraron Beato, dieron una fiesta en la Iglesia de Reina y tu abuela y su hermana Isabel concurrieron como únicas parientes aquí en Cuba.[137]

No te he hablado de la Quinta de Lourdes, que era propiedad de los Condes de Sagunto y estaba donde hoy está el Colegio de las Dominicas Francesas.[138] Él era español y ella cubana de la familia Morales. Se llamaba Caridad y era muy buena, pero de escasa cultura. Tenían un único hijo que se llamaba Pepito y era el prototipo de la tontería: no cursó estudios superiores y se consideraba que valía mucho por ser el heredero del título. En el mismo lugar donde hoy está la entrada a la capilla estaba la entrada a la casa y abajo una gruta a la Virgen de Lourdes, de quien eran muy devotos los condes. Por la parte de atrás y llegando hasta la calle 13,

---

[137] La Iglesia del Sagrado Corazón de Jesús y San Ignacio de Loyola, situada en la calle Reina en La Habana, se inauguró en 1923 y se conoce como la Iglesia de Reina.

[138] El Colegio de Nuestra Señora del Rosario de las Dominicas Francesas se ubicaba en El Vedado, calle 13.

tenían casitas que alquilaban bastante baratas. En una de ellas vivió María Mesa con su madre Manuela Barnet y la criada de ellas que se llamaba Vitalia y era la persona más simpática, inteligente y buena del mundo. En la época que ellas vivieron en la Quinta, que fue por el año 1893, nosotras íbamos mucho por allí y yo me divertía mucho con Vitalia. Además de ser muy buena, era muy ocurrente. Me hacía muchos cuentos y me regalaba maticas, pues a mí me encantaban las flores y a ella también. No creas que fuera muy jovencita, nada de eso. En esa época tendría unos veintiocho o treinta años. También vivían en la Quinta muchas familias y entre otras Ignacio Cervantes, famoso pianista y compositor, y su señora e hijos que eran Ignacio, Alfredo, Fernando y María.[139] Los dos primeros murieron ya. María Pedroso de Morales que era hermana de Caridad, la abuela de Teté y Silvia López Oña, vivía en la casa del lado donde viven hoy las Morales. También vivía allí una señora lindísima que se llamaba Bellita, en verdad lo era, y casó en segundas nupcias con Rafael Angulo. Vivían allí muchísimas más personas que no recuerdo. Las casitas aun existen por las calles 13 y G. Te cuento esta historia pues da la coincidencia de que ahora tú eres profesora de inglés allí mismo y quién me iba a decir a mí que andando el tiempo iba yo a tener una hija de profesora de inglés en la antigua Quinta de Lourdes, hoy el afamado Colegio de las Dominicas Francesas.

Aquí termino estas líneas deshilvanadas pero hechas con el propósito de complacer tu petición de que cuente los recuerdos de mi vida.

---

[139] Ignacio Cervantes Kawanagh (1847-1905) fue un gran pianista y compositor cubano que estudió en La Habana y París. Fue conductor en el Teatro Payret y gozó de fama internacional, especialmente por sus *Danzas*.

BIBLIOGRAFÍA

Álbum conmemorativo del quincuagésimo aniversario de la fundación en La Habana del Colegio de Belén de la Compañía de Jesús, 1854-1904. Habana: Imprenta Avisador Comercial, 1904.

Bulletin of Pharmacy, Concise and Comprehensive Monthly Review of Literature, Progress and News, Vol. 26. Detroit: William M. Warren, Medical Publisher, 1902.

Carrillo, Justo. *Cuba 1933, estudiantes, yanquis y soldados*. Miami: Instituto de Estudios Interamericanos, 1985.

Clairac y Saenz, Pelayo. *Diccionario general de arquitectura e ingeniería*, Tomo 4. Madrid: Imprenta de A. Pérez Dubrull, 1888.

El museo: Semanario ilustrado de literatura, artes, ciencias y conocimientos generales, Vol. 1-3. Habana, 1883-84.

Gaceta oficial de la República de Cuba, Bajo la administración provisional de los Estados Unidos. Habana, 1908.

Gallego y García, Tesifonte. *Cuba por fuera*. Habana: La Propaganda Literaria, 1890.

Guía de forasteros de la siempre fiel isla de Cuba para el año 1883. Habana: Imprenta del Gobierno y Capitanía General por S. M., 1883.

La Ilustración *española y americana: Revista de bellas artes y actualidades*. Madrid, 22 de mayo de 1885.

«La República de Cuba: Breve reseña para la Exposición Universal de St. Louis, Missouri, USA». La Secretaría de Agricultura, Industria y Comercio. Habana: Imprenta de Rambla y Bouza, 1904.

Memoria acerca del estado y adelantos del Excmo. Ayuntamiento de La Habana. Habana, 1897.

Morales y Morales, Vidal. *Iniciadores y primeros mártires de la revolución cubana*. Habana: Imprenta Avisador Comercial, 1901.

Pi y Margall, Francisco y Francisco Pi Arsuaga. *Historia de España en el siglo XIX, Sucesos políticos, económicos, sociales y artísticos acaecidos durante el mismo,* Tomo 7 (Segunda Parte). Barcelona: Centro Editorial Artístico, 1902.

Ramírez, Serafín. *La Habana artística: Apuntes históricos*. Habana: Imp. del E. M. de la Capitanía General, 1891.

Revista matancera: Semanario de literatura, ciencias, bellas artes, modas y actualidades. Matanzas, Cuba: Imprenta, Librería y Papelería Galería Literaria, 28 de octubre de 1883.

Rexach, Rosario. «El Lyceum de La Habana como institución cultural». Centro Virtual Cervantes. http://cvc.cervantes.es/literatura/aih/pdf/09/aih_09_2_077.pdf

Thomas, Hugh. *Cuba or The Pursuit of Freedom*. New York: Da Capo Press, 1998.

Selección de libros publicados por Ediciones Universal
en la COLECCIÓN CUBA Y SUS JUECES

0359-6	CUBA EN 1830 (Diario de viaje de un hijodel mariscal Ney), Jorge J. Beato & Miguel F. Garrido
044-5	LA AGRICULTURA CUBANA 1934 - 1936 (Régimen Social, Productividad y Nivel de Vida del Sector Agrícola), Oscar E. Echevarría Salvat
046-1	CUBA Y LA CASA DE AUSTRIA, Nicasio Silverio Saínz
048-8	CUBA, CONCIENCIA Y REVOLUCIÓN, Luis Aguilar León
049-6	TRES VIDAS PARALELAS, Nicasio Silverio Saínz
119-0	JALONES DE GLORIA MAMBISA, Juan J.E. Casasús
123-9	HISTORIA DEL PARTIDO COMUNISTA DE CUBA, Jorge García Montes & Antonio Alonso Ávila
207-3	MEMORIAS DE UN DESMEMORIADO-Leña para fuego hist. Cuba, José García Pedrosa
243-X	LOS ESCLAVOS Y LA VIRGEN DEL COBRE, Leví Marrero
293-6	HISTORIA DE LA ODONTOLOGÍA EN CUBA(4 vols: (1492-1983), César A. Mena
3122-0	RELIGIÓN Y POLÍTICA EN CUBA DEL SIGLO XIX, Miguel Figueroa
353-3	LA GUERRA DE MARTÍ (La lucha de los cubanos por la independencia), Pedro Roig
374-6	GRAU: ESTADISTA Y POLÍTICO (Cincuenta años de la Historia de Cuba), Antonio Lancís
379-7	HISTORIA DE FAMILIAS CUBANAS (9 vols.), Francisco Xavier de Santa Cruz
425-4	A LA INGERENCIA EXTRAÑA LA VIRTUD DOMÉSTICA, Carlos Márquez Sterling
431-9	MIS RELACIONES CON MÁXIMO GÓMEZ, Orestes Ferrara
437-8	HISTORIA DE MI VIDA, Agustín Castellanos
483-1	JOSÉ ANTONIO SACO , Anita Arroyo
490-4	HISTORIOLOGÍA CUBANA /5 vols./ (1492-2000), José Duarte Oropesa
516-1	EL PERFIL PASTORAL DE FÉLIX VARELA, Felipe J. Estévez
532-3	MANUEL SANGUILY. HISTORIA DE UN CIUDADANO, Octavio R. Costa
558-7	JOSÉ ANTONIO SACO Y LA CUBA DE HOY, Ángel Aparicio
586-2	SEIS DÍAS DE NOVIEMBRE, Byron Miguel

592-7	DOS FIGURAS CUBANAS Y UNA SOLA ACTITUD, Rosario Rexach
606-0	CRISIS DE LA ALTA CULTURA EN CUBA/INDAGACIÓN DEL CHOTEO, Jorge Mañach
608-7	VIDA Y MILAGROS DE LA FARÁNDULA DE CUBA (5 vols.), Rosendo Rosell
620-6	TODOS SOMOS CULPABLES, Guillermo de Zéndegui
624-9	HISTORIA DE LA MEDICINA EN CUBA(2 v.),César A. Mena y Armando Cobelo
680-X	¿POR QUÉ FRACASÓ LA DEMOCRACIA EN CUBA?, Luis Fernández-Caubí
682-6	IMAGEN Y TRAYECTORIA DEL CUBANO EN LA HISTORIA 2 v. 1492-1958), Octavio R. Costa
689-3	A CUBA LE TOCÓ PERDER, Justo Carrillo
690-7	CUBA Y SU CULTURA, Raúl M. Shelton
703-2	MÚSICA CUBANA: DEL AREYTO A LA NUEVA TROVA, Cristóbal Díaz Ayala
738-5	PLAYA GIRÓN: LA HISTORIA VERDADERA, Enrique Ros
743-1	MARTA ABREU, UNA MUJER COMPRENDIDA, Pánfilo D. Camacho
752-0	24 DE FEBRERO DE 1895: UN PROGRAMA VIGENTE, Jorge Castellanos
765-2	CLASE TRABAJADORA Y MOVIMIENTO SINDICAL EN CUBA / 2 vols.: 1819-1996), Efrén Córdova
773-3	DE GIRÓN A LA CRISIS DE LOS COHETES: La segunda derrota, Enrique Ros
786-5	POR LA LIBERTAD DE CUBA (una historia inconclusa), Néstor Carbonell Cortina
794-6	CUBA HOY (la lente muerte del castrismo), Carlos Alberto Montaner
798-9	APUNTES SOBRE LA NACIONALIDAD CUBANA, Luis Fernández-Caubí
804-7	EL CARÁCTER CUBANO, Calixto Masó y Vázquez
823-3	JOSÉ VARELA ZEQUEIRA (1854-1939); Su obra científico-literaria, Beatriz Varela
832-2	TODO TIENE SU TIEMPO, Luis Aguilar León
860-8	VIAJEROS EN CUBA (1800-1850), Otto Olivera
862-4	UNA FAMILIA HABANERA, Eloísa Lezama Lima
874-8	POR AMOR AL ARTE (Memorias de un teatrista cubano 1940-1970), Francisco Morín
875-6	HISTORIA DE CUBA, Calixto C. Masó (Ed. De Leonel de la Cuesta)
876-4	CUBANOS DE DOS SIGLOS: XIX y XX. ENSAYISTAS y CRÍTICOS, Elio Alba Buffill
880-2	ANTONIO MACEO GRAJALES: EL TITÁN DE BRONCE, José Mármol
886-1	ISLA SIN FIN (Contribución a la crítica del nacionalismo cubano), Rafael Rojas

901-9	40 AÑOS DE REVOLUCIÓN CUBANA (El legado de Castro), Efrén Córdova, Editor
907-8	MANUAL DEL PERFECTO SINVERGÜENZA, Tom Mix Tom Mix (José M. Muzaurieta
931-0	EL CAIMÁN ANTE EL ESPEJO. Un ensayo de interpretación de lo cubano, Uva de Aragón
934-5	MI VIDA EN EL TEATRO, María Julia Casanova
944-2	DE LA PATRIA DE UNO A LA PATRIA DE TODOS, Ernesto F. Betancourt
945-0	CRONOLOGÍA HISTÓRICA DE CUBA (1492-2000), Manuel Fernández Santalices.
953-1	JOSÉ AGUSTÍN QUINTERO:Un enigma histórico del exilio cubano del ochocientos, J. Marbán
955-8	NECESIDAD DE LIBERTAD (ensayos-artículos-entrevistas-cartas), Reinaldo Arenas
956-6	FÉLIX VARELA PARA TODOS / FELIX VARELA FOR ALL, Rabael B. Abislaimán
957-4	LOS GRANDES DEBATES DE LA CONSTITUYENTE CUBANA DE 1940, Edición de Néstor Carbonell Cortina
965-5	CUBANOS DE ACCIÓN Y PENSAMIENTO, Octavio R. Costa (biografías)
968-x	AMÉRICA Y FIDEL CASTRO, Américo Martín
974-4	CONTRA EL SACRIFICIO / DEL CAMARADA AL BUEN VECINO / Una polémica filosófica cubana para el siglo XXI, Emilio Ichikawa
979-5	CENTENARIO DE LA REPÚBLICA CUBANA (1902-2002),W. Navarrete y J. de Castro (Ed.).
980-9	HUELLAS DE MI CUBANÍA, José Ignacio Rasco
982-5	INVENCIÓN POÉTICA DE LA NACIÓN CUBANA, Jorge Castellanos
8-006-5	FIDEL CASTRO Y EL GATILLO ALEGRE. LOS AÑOS UNIVERSITARIOS, Enrique Ros
8-000-6	LA POLÍTICA DEL ADIÓS, Rafael Rojas
8-006-5	FIDEL CASTRO Y EL GATILLO ALEGRE. LOS AÑOS UNIVERSITARIOS, Enrique Ros
8-011-1	REFLEXIONES SOBRE CUBA Y SU FUTURO, Luis Aguilar León (3ª.edición revisada y ampliada)
8-014-6	AZÚCAR Y CHOCOLATE. HISTORIA DEL BOXEO CUBANO, Enrique Encinosa
8-025-1	EL FIN DE LA IDIOTEZ Y LA MUERTE DEL HOMBRE NUEVO, Armando P. Ribas
8-028-6	CONTRA VIENTO Y MAREA. PERIODISMO Y ALGO MÁS (Memorias de un periodista 1920-2000), José Ignacio Rivero
8-035-9	CUBA: REALIDAD Y DESTINO. PRESENTE Y FUTURO DE LA ECONOMÍA Y LA SOCIEDAD CUBANA, Jorge A. Sanguinetty